ATRIUM

Erich Kästner

Man schwitzt und fragt:
Wann hört das auf?

Sport mit Erich Kästner

Herausgegeben von Sylvia List

Atrium Verlag · Zürich

Erstausgabe
1. Auflage
© by Atrium Verlag AG, Zürich 2016
© by Thomas Kästner: *Sechstagerennen, Schlittschuh kaufen – Schlittschuh laufen!*, Völkerverständigung im Grunewald, 6-Tage-Rennen, Sensationen nach rückwärts, Und jetzt die Bauchwelle!, Automobilrennen, Boxer unter sich, Tausend Worte Tanz, Der Dauertänzer, Heute Abend – Dauertanzen!, Rekord wider Willen, Buster Keaton im Sportdress, Olympia, Radrennen für Fräuleins, Man geht wieder zu Ringkämpfen, Arbeiter – treibt Sport!, Berliner Sportpalast 1933, Rekord und Leistung
Alle Rechte vorbehalten

Umschlagillustration: Christoph Niemann, 2016
Foto Seite 3: Kästner 1933 am Eibsee, Fotoarchiv Erich Kästner, RA Beisler
Druck und Bindung: GGP Media GmbH, Pößneck
Printed in Germany 2016
ISBN 978-3-85535-416-0

www.atrium-verlag.com

Inhalt

Die Läufer trainieren
täglich zehn Stunden ...

Erich Kästner liebte den Sport, vor allem schweißtreibenden Ausdauersport, und das nicht nur als Zuschauer. In seiner Kinderzeit war er ein begeisterter Turner, mit dem Reck als Lieblingsgerät, und später ein leidenschaftlicher und auch recht guter Tennisspieler, zwar nicht wimbledonreif, aber immerhin. Langstreckenläufer wie Nurmi, Kolehmainen und Zatopek galten ihm als große sportliche Vorbilder. All das wird der Leser in dieser Sammlung wiederfinden.

Aber Kästner wusste auch, wie sehr man Turn-Unwillige mit Übungen am Reck piesacken kann *(Und jetzt die Bauchwelle!)* und dass auch gute Tennisspieler manchmal spielen »wie ein Weihnachtsmann« *(Doppelfehler)*.

Er hatte auch Spaß an eher abwegigen sportlichen Hochleistungen wie Langstrecken-Trittrollerfahren *(Sensationen nach rückwärts)*, Trockenschwimmen *(Arno schwimmt Weltrekord)*, Dauertanzen oder auch Freiübungen verkehrt herum *(Wunder der Natur?)*. Veranstaltungen wie das berühmte Sechstagerennen nahm er gern auf die Schippe, weil er meinte, diese Sorte Ausdauersport könne nur zu geistiger Verblödung führen.

Am überraschendsten ist vielleicht Kästners große Affinität

zum Boxen, Ringen und Catchen – Sportarten, die er nun allerdings nicht selber ausübte *(Boxer unter sich, Man geht wieder zu Ringkämpfen, Catch as catch can)*. Diese wahrlich schweißtreibenden Wettkämpfe besuchte er mit dem größten Vergnügen, aber wohl auch mit dem Hintergedanken: »Vielleicht kann man's einmal für eine Geschichte brauchen.« So wie er das Eishockeyspiel, das er sich bei den Deutschen Wintersportmeisterschaften 1935 in Garmisch-Partenkirchen angesehen hatte, »brauchte«, um die Stippvisite zweier Hauptpersonen aus *Das fliegende Klassenzimmer*, Matz und Uli, bei der dortigen Winterolympiade 1936 zu schildern *(England gegen Kanada)*.

Kästners Interesse für Sport war bekannt, und offenbar wurde ihm auch eine gewisse Kennerschaft zugeschrieben. Noch 1967, als seine Kräfte schon nachließen, wurde er in den Kunstausschuss für die Olympischen Spiele 1972 berufen. 1952, anlässlich der Olympiaden in Helsinki und Oslo, verfasste er einen Beitrag für das offizielle Standardwerk des Nationalen Olympischen Komitees, *Rekord und Leistung*. Darin berief er sich auf die Ahnungslosigkeit und Unvoreingenommenheit des Laien, um aufzuzeigen, was ihn am Sport so faszinierte: alle diejenigen Wettkämpfe, die den Sportlern Ausdauer und Durchhaltewillen abverlangen, so wie man es als Zuschauer bei großen Langstreckenläufen immer wieder erlebt.

Aber geht es nicht fast allen von uns so, dass ein Marathonlauf, ein stundenlanges Tennisturnier oder ein Fußballspiel uns stärker in den Bann ziehen als ein nach wenigen Sekunden beendeter Hundertmeterwettlauf?

Sechstagerennen

Ich gehöre zu den ausgesprochen kontemplativen Naturen.

Wenn ich z. B. Mittag esse, lese ich in den Sportnachrichten … Kann es etwas Ergreifenderes geben, als zwischen Bratwurst und Sauerkraut zu erfahren, dass Dempsey bis »Neun!« liegen blieb, dann aber katzenhaft hochsprang und seinen Gegner Firpo, trotz dessen prächtiger Härte im Nehmen, schließlich doch durch einen linken Haken zwischen die Seile schickte und ihn dort ohne wesentliche Brüche und ohne Bewusstsein zurückließ?

Aber eines geht mir über alles! Das Sechstagerennen. – Ich habe noch nie eines gesehen … Doch das ist der Phantasie nur zuträglich. Das heißt: In Georg Kaisers *Von morgens bis mitternachts* kommt, im vorletzten Akt, ein Sechstagerennen vor. Das kenne ich. Aber das Schauspiel dauert, Gott sei Dank, nicht annähernd so lange …

Jedoch in der Wirklichkeit, also in Berlin, fahren diese Menschen wahrhaftig sechs Tage Rad! Man muss sich das einmal richtig klargemacht haben! Tag und Nacht! Sechsmal! Gewiss, sie lösen einander ab. Aber das tut auch nötig! – Sechs Tage. Sechs Nächte. Unentwegt … Manchmal meine ich, davon müsste man unbedingt Gehirnschäden erleiden. Und dann wieder sage ich mir: Wer so etwas mitmacht, der müsste bereits beim Unterschreiben des Kontrakts … Anderseits: Die widernatürlichsten Leistungen nötigen bekanntlich die größte Hochachtung ab.

Eine ganze Woche fahren diese merkwürdigen Leute Rad …

Ich habe in dieser Zeit 30 Mark verdient. Und 40 davon ausgegeben. Habe eine Premiere gesehen. War zweimal leicht angesäuselt. Und einmal weniger leicht. Die Katze meiner Wirtin hat Kinder gekriegt. Mein Freund Geburtstag gehabt! Und diese merkwürdigen Leute fahren noch immer Rad …

Ich habe mir inzwischen meine braunen Halbschuhe besohlen lassen. Habe drei frische Kragen umgebunden. Sechs Pfund Brot gegessen. Mir zwölfmal die Zähne geputzt! Und diese merkwürdigen Leute fahren noch immer Rad …

Dann hab ich viermal zu Mittag gegessen. (Nachher war das Geld endgültig vorbei.) Und jedes Mal hab ich die letzten Berliner Meldungen gelesen: … Vorstoß von Bauer-Krupkat … Die Amerikaner rücken nachts 2 Uhr plötzlich unhaltbar auf … Tietz hat 25 Flaschen Kognak gewonnen … Stellbrink zwei Fahrräder … Saldow-Lorenz führen noch immer …

Ich finde das wirklich unerhört anregend. Aber am herrlichsten wäre es doch, wenn ich nach dem sechsten Tage die Herren Rennfahrer ansehen dürfte … Das wäre mein sehnlichster Wunsch!

Den einen würde ich fragen, wie viel sieben mit dreizehn multipliziert ergibt. Und einen anderen: Ob er seinen Vornamen noch auswendig wüsste. Und den Sieger: Ob er mir nicht von seinem Gewinn tausend Mark leihen wollte.

Ich glaube, sie würden alle verkehrte Antworten geben.

Sogar der Sieger.

Im Turnverein Neu- und Antonstadt

Ein Jahr bevor ich zur Schule kam, wurde ich, mit knapp sechs Jahren, das jüngste Mitglied des Turnvereins »zu Neu- und Antonstadt«. Ich hatte meiner Mutter keine Ruhe gelassen. Sie war strikt dagegen gewesen. Ich sei noch zu klein. Ich hatte sie gequält, bestürmt, belästigt und umgaukelt. »Du musst warten, bis du sieben Jahre alt bist«, hatte sie immer wieder geantwortet.

Und eines Tages standen wir, in der kleineren der zwei Turnhallen, vor Herrn Zacharias. Die Knabenriege machte gerade Freiübungen. Er fragte: »Wie alt ist denn der Junge?« »Sechs«, gab sie zur Antwort. Er sagte: »Du musst warten, bis du sieben Jahre alt bist.« Da nahm ich die Hände, ordnungsgemäß zu Fäusten geballt, vor die Brust, sprang in die Grätsche und turnte ihm ein gymnastisches Solo vor! Er lachte. Die Knabenriege lachte. Die Halle hallte vor fröhlichem Gelächter. Und Herr Zacharias sagte zu meiner verdatterten Mama: »Also gut, kaufen Sie ihm ein Paar Turnschuhe! Am Mittwoch um drei ist die erste Stunde!« Ich war selig. Wir gingen ins nächste Schuhgeschäft. Abends wollte ich mit den Turnschuhen ins Bett. Am Mittwoch war ich eine Stunde zu früh in der Halle. […]

Ich war ein begeisterter Turner, und ich wurde ein ziemlich guter Turner. Mit eisernen Hanteln, mit hölzernen Keulen, an Kletterstangen, an den Ringen, am Barren, am Reck, am Pferd, am Kasten und schließlich am Hochreck. Das Hochreck wurde mein Lieblingsgerät.

Später, viel später. Ich genoss die Schwünge, Kippen, Stemmen, Hocken, Grätschen, Kniewellen, Flanken und, aus dem schwungvollen Kniehang, das Fliegen durch die Luft mit der in Kniebeuge und Stand abschließenden Landung auf der Kokosmatte. Es ist herrlich, wenn der Körper, im rhythmischen Schwung, leichter und leichter wird, bis er fast nichts mehr zu wiegen scheint und, nur von den Händen schmiegsam festgehalten, in eleganten und phantasievollen Kurven eine biegsam feste Eisenstange umtanzt!

Ich wurde ein ziemlich guter Turner. Ich glänzte beim Schauturnen. Ich wurde Vorturner. Aber ein sehr guter Turner wurde ich nicht. Denn ich hatte Angst vor der Riesenwelle! Ich wusste auch, warum. Ich war einmal dabei gewesen, als ein anderer während einer Riesenwelle, in vollem Schwung, den Halt verlor und kopfüber vom Hochreck stürzte. Die Kameraden, die zur Hilfestellung bereitstanden, konnten ihn nicht auffangen. Er wurde ins Krankenhaus gebracht. Und die Riesenwelle und ich gingen einander zeitlebens aus dem Wege. Das war eigentlich eine rechte Blamage, und wer blamiert sich schon gern? Doch es half nichts. Ich bekam die Angst vor der Riesenwelle nicht aus den Kleidern. Und so war mir die Blamage immer noch ein bisschen lieber als ein Schädelbruch. Hatte ich recht? Ich hatte recht. [...]

Ich turnte, weil meine Muskeln, meine Füße und Hände, meine Arme und Beine und der Brustkorb spielen und sich bilden wollten. Der Körper wollte sich bilden wie der Verstand. Beide verlangten, gleichzeitig und gemeinsam, ungeduldig danach, geschmeidig zu wachsen und, wie gesunde Zwillinge, gleich groß und kräftig zu werden. Mir taten alle Kinder leid, die gern lernten und ungern turnten. Ich bedauerte alle Kinder, die gern turnten und nicht gern lernten. Es gab sogar welche, die weder lernen noch turnen wollten! Sie bedauerte ich am meisten.

Arno schwimmt Weltrekord

Das Trockenschwimmen ist ein toller Sport!
Ganz ohne Pferd kann keiner reiten.
Ganz ohne Grund kann keiner streiten.
Doch ohne Wasser schwimmt der Mensch sofort.

Wenn sich Großhennigs Arno mit dem Magen
auf einen Stuhl (als ob er schwömme) legt
und Gustav mit dem Teppich Wellen schlägt,
ist Arno nicht zu schlagen!

Die andern wetten hoch und geben Acht.
Sie hoffen, dass dies Arno kräftigt.
Er ist von Kopf bis Fuß beschäftigt
und bricht Rekorde, dass es kracht.

Zum Schluss durchquert er rasch noch den Kanal
und unterbietet gar den Weltrekord!
Das Trockenschwimmen ist ein toller Sport.
Versucht es mal!

Kletterpartie im Elbsandsteingebirge

Herr Lehmann war ein tüchtiger Mann, ein fleißiger Mann, ein gescheiter Mann, der aus uns tüchtige, fleißige und gescheite Schüler machen wollte. Sein Ziel war vortrefflich. Der Weg dahin war abscheulich. Der tüchtige, fleißige und gescheite Mann war kein guter, sondern er war überhaupt kein Lehrer. Denn ihm fehlte die wichtigste Tugend des Erziehers, die Geduld. Ich meine nicht jene Geduld, die an Gleichgültigkeit grenzt und zum Schlendrian führt, sondern die andere, die wahre Geduld, die sich aus Verständnis, Humor und Beharrlichkeit zusammensetzt. Er war kein Lehrer, sondern ein Dompteur mit Pistole und Peitsche. Er machte das Klassenzimmer zum Raubtierkäfig.

Wenn er nicht im Käfige stand, nicht vor dreißig jungen und faulen, verschlagnen und aufsässigen Raubtieren, war er ein anderer Mensch. Dann kam der eigentliche Herr Lehmann zum Vorschein, und eines Tages lernte ich ihn kennen. […]

Während einer Frühstückspause trat er im Schulhof zu mir und fragte obenhin: »Willst du am Sonntag mit mir in die Sächsische Schweiz fahren?« Ich war verdutzt. »Am Abend sind wir wieder zurück«, meinte er. »Grüß deine Eltern und frag sie um Erlaubnis! Wir treffen uns Punkt acht Uhr in der Kuppelhalle des Hauptbahnhofs.« »Gern«, sagte ich verlegen. »Und bring deine Turnschuhe mit!« »Die Turnschuhe?« »Wir werden ein bisschen klettern.« »Klettern?« »Ja, in den Schrammsteinen. Es ist nicht gefährlich.« Er nickte mir zu, biss

15

in sein Frühstücksbrot und ging davon. Die Kinder wichen vor ihm zurück, als sei er ein Eisbrecher. »Was wollte er denn?«, fragte mein Freund Ludewig. Und als ich es ihm erzählt hatte, schüttelte er den Kopf. Dann sagte er: »Das kann ja gut werden! In deinem Rucksack die Turnschuhe und in seinem der Rohrstock!«

Seid ihr schon einmal an einem mehr oder weniger senkrechten Sandsteinfelsen hochgeklettert? Wie eine Fliege an der Tapete? Dicht an die Wand gepresst? Mit den Fingern und Fußspitzen in schmalen Fugen und Rillen? Nach den nächsten schmalen Simsen und Vorsprüngen über euch tastend? Sobald die linke Hand einen neuen Halt gefunden hat, den linken Fuß nachziehend, bis auch die Zehen neuen Widerstand spüren? Dann, nach der Linksverlagerung des Körpergewichts, das Manöver mit der rechten Hand und dem rechten Fuß wiederholend? Viertelmeter für Viertelmeter, immer höher hinauf, zehn oder fünfzehn Meter empor, bis endlich ein Felsvorsprung Platz und Zeit zum Verschnaufen bietet? Und dann, mit der gleichen Ruhe und Vorsicht, die nächste senkrechte Felswand hoch? Ihr habt so etwas noch nicht versucht? Ich warne Neugierige.

Droben auf dem Gipfelchen, wo sich eine kleine krumme Kiefer festgekrallt hatte, ruhten wir uns aus. Das Elbtal schimmerte in sonnigem Dunst. Geisterhaft bizarre Felsen, Zyklopen mit Riesenköpfen, standen wie Wächter vorm Horizont. Es roch nach Hitze. Irgendwo im Tal lagen unsere Stiefel, Jacken und Rucksäcke. Dorthin mussten wir zurück, und ich tat mir aufrichtig leid.

Lehrer Lehmann war zwar, was ich vorher nicht gewusst hatte, ein Meister der Kletterkunst und kannte die Felsen ringsum in- und auswendig und wie seine Westentasche. Außerdem hatte er mich durch taktische Zurufe gelenkt und ein paarmal angeseilt. Doch bis auf eine gemütliche Kaminstrecke hatte ich seiner Fassadenkletterei in Gottes freier Natur nichts abgewinnen können. Meine Angst hatte mir nicht den geringsten Spaß gemacht. Und auch der Gipfelblick bereitete mir, so reizvoll er sein mochte, keine ungetrübte Freude. Denn ich dachte insgeheim an den Rückweg und befürchtete, dass er noch schwieriger sein werde als der Aufstieg. Ich hatte recht.

Stubenfliegen sind, mindestens an senkrechten Wänden, besser dran als wir, insbesondere beim Abstieg. Sie klettern mit dem Kopfe voran zu Tale. Das kann der Mensch nicht. Er behält an senkrechten Wänden auch beim Hinunterklettern den Kopf oben. Seine gesamte Aufmerksamkeit verlagert sich in die Füße, die, blind und zentimeterweise, nach unten tasten und den nächsten Halt suchen. Wenn dann dieser nächste schmale Sims aus porösem und verwittertem Sandstein unter dem Schuh wegbröckelt und der Fuß in der Luft hängt, bleibt, glücklicherweise nur für kurze Zeit, das Herz stehen. In solchen Momenten liegt die Gefahr nahe, dass man den Kopf senkt, weil die Augen den Zehen beim Suchen helfen wollen. Diese Gefahr ist nicht zu empfehlen.

Ich erinnere mich noch heute, wie mir zumute wurde, als ich die Wand hinunterblickte. Tief und senkrecht unter mir sah ich, klein wie Puppenspielzeug, unsre Jacken und Rucksäcke an einem zwirndünnen Wege liegen, und ich presste vor Schreck die Augen zu. Mir wurde schwindlig. Es brauste in den Ohren. Mein Herz stand still. Endlich besann es sich auf sein altes Geschäft. Es begann wieder zu schlagen. Dass ich schließlich drunten, neben unseren Rucksäcken, lebend eintraf, ist unter anderem daraus ersichtlich, dass ich jetzt, im Jahre 1957, davon berichte. Zu behaupten, mein Leben habe damals an einem Faden gehangen, träfe nicht ganz zu. Denn es war kein Faden da.

Als wir, am Fuß des Felsens, unsere Stiefel und Jacken angezogen hatten, zeigte mir Herr Lehmann auf einer Landkarte, welche Gipfel er noch nicht erklettert hatte. Ihre Zahl war nicht der Rede wert. Bei ihnen sei das Risiko zu groß, meinte er, und man dürfe nicht mit seinem Leben spielen. Wir schulterten unsere Rucksäcke. »Und sonst«, fragte ich, »wandern Sie immer allein?« Er versuchte zu lächeln. Das war gar nicht so einfach, denn er hatte darin keine rechte Übung. »Ja«, sagte er. »Ich bin ein einsamer Wandersmann.«

Der Nachmittag verlief gemütlicher. Die Turnschuhe blieben im Rucksack. Die Felsen waren nun keine Turngeräte mehr, sondern vorsintflutliche Sedimente aus der Kreidezeit, bizarre Zeugen dafür, dass wir über uralten Meeresboden wanderten, der sich vor zahllosen Jahrtausenden ans Licht gehoben hatte. Muschelabdrücke im Sandstein erzählten davon. Die Felsen wussten spannende Geschichten vom Wasser, vom Eis und vom Feuer, und Lehrer Lehmann verstand, den Steinen zuzuhören. Er begriff die Dialekte der Vögel. Er studierte die Spuren des Wildes. Er zeigte mir die Sporenlaternen im Moos mit den kleinen Zipfelmützen, die später herunterpurzelten. Er kannte die Gräser beim Vornamen, und wir bewunderten, beim Vesperbrot in der Wiese, ihr grünes Vielerlei und ihr zärtliches Blühen. Die Natur war vor ihm aufgeschlagen wie ein Buch, und er las mir daraus vor.

Auf dem Deck des Raddampfers, der von Bodenbach-Tetschen heruntergeschwommen kam und mit dem wir gemächlich heimfuhren, blätterte er dann im Buch der Geschichte. Er erzählte vom Lande Böhmen, wo unser Dampfer noch vor einer Stunde geankert hatte, von König Ottokar und Karl IV., von den Hussiten, den unseligen Kirchenkriegen, der unheilvollen und unheilbaren Rivalität zwischen Preußen und Österreich, von den Jungtschechen und dem drohenden Zerfall der Donaumonarchie. Immer und immer wieder, sagte er traurig, begehe Europa Selbstmordversuche. Die Besseres wüssten, schimpfe man Besserwisser. Und so werde Europas krankhafter Plan, sich selber umzubringen, eines Tages endlich glücken. Er zeigte auf Dresden, dessen Türme in der Abendsonne golden vor uns auftauchten. »Dort liegt Europa!«, sagte er leise.

Als ich mich an der Augustusbrücke für den schönen Tag bedankte, versuchte er wieder zu lächeln, und diesmal gelang es ihm fast. »Ich wäre ein ganz brauchbarer Hofmeister geworden«, meinte er, »ein Hauslehrer und Reisemarschall für drei, vier Kinder. Das brächte ich zuwege. Doch dreißig Schüler, das sind für mich fünfundzwanzig zu viel.« Damit ging er. Ich sah hinter ihm drein.

Plötzlich blieb er stehen und kam zurück. »Die Kletterpartie war ein großer Fehler«, sagte er. »Ich habe um dich mehr Angst gehabt als du selber.« »Es war trotzdem ein schöner Tag, Herr Lehmann.« »Dann ist es ja gut, mein Junge.« Und nun ging er wirklich, der einsame Wandersmann. Er ging allein. Er wohnte allein. Er lebte allein. Und er hatte fünfundzwanzig Schüler zu viel.

Schlittschuh kaufen – Schlittschuh laufen!

Es ist kalt. Gefroren hat's.
Sieben Grad! Die Ohren brennen.
Bollensängers Trockenplatz
ist nicht wiederzuerkennen.
Statt der Hemden auf der Leine
sieht man Beine.
Statt der Wäsche, bunt und weiß,
sieht man Eis.
Bollensängers schippen Schnee.
Alles andre fährt im Kreise.
Fünfzig Pfennige Entree.
Kinder halbe Preise!

Schlittschuhkufen sind so schmal!
Und das Eis ist hart wie Stahl!
Seien wir doch ehrlich:
Schlittschuhlaufen ist, wenn man
gar nicht Schlittschuhlaufen kann,
nicht ganz ungefährlich!
Beispielsweise: Man fährt Bogen.
Doch die Bogenfahrt misslingt.
Während man ein Beinchen schwingt,
wird das zweite weggezogen!

Und man setzt sich, voller Schwung,
auf die – Rückversicherung,
dass man denkt, das Eis zerbricht!
Doch das Eis, das Eis hält dicht.
Was man denkt, es war zerbrochen
– sind die Knochen.
Man erhebt sich, lächelt heiter,
und fährt weiter.

Schlittschuhlaufen ist, im Ernst,
etwas, was du später
niemals gründlich lernst.
Drum, ihr Herren Väter:
Treibt mit euren Kindern diesen Sport!
Lasst sie Schlittschuh laufen!
Deshalb müsst ihr ihnen auch sofort
Schlittschuh kaufen!

Bollensängers haben heute
Eiskonzert mit Tsching und Bumm.
Drei musikerfahrne Leute
sitzen auf dem Podium.
Es trompetet und es kracht,
dass das Herz im Leibe lacht.
Wenn dann der Dreivierteltakt

jeden Schlittschuh einzeln packt,
ist das Eis zu guter Letzt
dicht »besetzt«.
Fräulein Paula, zum Exempel,
die noch eben mit Herrn Hempel
»englisch Übersetzen« trieb,
setzt sich mächtig aufs Parkett.
Zwar – es ist ihr gar nicht lieb,
aber Hempel findet's nett.
Er bemüht sich um die Kleine,
er fasst zu (und zwar beherzt),
und er hilft ihr auf die Beine
und erkundigt sich, ob's schmerzt …
Nirgendwo kommt man sich eher
als beim Schlittschuhlaufen näher!

Eiskunstfahrer Wendemann
zeigt, wie gut er fahren kann.
Pirouetten, Löwensprünge,
Tänze und noch tollre Dinge
führt er vor; und alle Welt
wundert sich, dass er nicht fällt.
Manchmal sieht es fast so aus!
Doch der Herr ist hier zu Haus. –

Fritz und Franz, zwei kleine Knaben,
die ihn auch bewundert haben,
üben Dreien, Sechsen, Achten …
Doch die Eiskunstfahrerei
ist viel schwerer, als sie dachten.
Fritz fällt mehrfach hin dabei.
Eis ist härter als ein Schädel,
und der Fritz ist zwar kein Mädel,
wie es scheint –
doch er steht bei Franz und weint.

Christel sieht man fernerhin.
Und die Großmama dazu.
Diese führt die Enkelin.
Hoffentlich fällt niemand hin!
Christel ruiniert die Schuh,
klettert wackelnd Schritt für Schritt.
Und die Alte wackelt mit.
Und sie weiß auch einen Grund:
Schlittschuhfahren ist gesund!

Es macht Spaß. Und Appetit,
wie man sieht.
Denn der Eissport fordert Kräfte.
Würstelmaxe macht Geschäfte.

Wer noch ein paar Groschen hat,
isst sich schnell bei Maxen satt.
Blechmusik und heiße Wiener!
Würstelmax als Großverdiener!
Auch der Kavalier will kaufen,
weil das Fräulein Hunger hat!
Hier geht wirklich alles glatt.
Achtung, Kurve! Schlittschuhlaufen!

Völkerverständigung im Grunewald

Die Berliner sind ein durchaus naturliebender Volksstamm. Sie haben zu ihren Stadtbäumen, in deren Zweigen noch immer, von Silvester her, bunte Papierschlangen hängen, gar kein Zutrauen. Sie besteigen die Bahnen und fahren in den immergrünen Grunewald, an die Seen der Umgegend oder in irgendeine Sommerwirtschaft, welche mit frisch gestrichenen Gartenstühlen aufwartet.

Schon knattern wieder die vielgepriesenen Butterbrotpapiere über den Waldboden, noch etwas steifgefroren. Schon probt man Völkerwanderung für die kommenden Sonntage; liegt bescheiden in den kühlen Sonnenstrahlen; lockt kleine Vögel, als riefe man Fleischerhunde, und schimpft über den Staub der Landstraßen. Man wird nicht Ruhe geben, bis der Grunewald asphaltiert ist und die Vögel nette Schilder umhaben, auf denen zu lesen ist, wie sie heißen.

Die Seen entledigen sich ihrer Eisdecke bruchstückweise. Ich sah auf dem Grunewaldsee noch Schlittschuhläufer, und wenige Schritte von ihnen lagen die Paare in Trikots am Ufer und spielten Sonnenbad. Es ist die Frage, wozu mehr Mut gehört: auf dem See, der halb schon aufgetaut ist, einzufahren oder an seinem Rande, im Badeanzuge, auf dem Bauch zu liegen. Ich für meine Person zöge es vor, wenn ich schon zwischen beiden wählen müsste, im Trikot Schlittschuh zu laufen. Wenn man sich schon erkälten will, soll man's gründlich besorgen.

Im Restaurant »Hundekehle« trank ich Kaffee. Die Kellner befanden sich noch im Winterschlaf. Doch das ist nicht besonders erzählenswert. Ich brauche es nur zur Einleitung für ein kleines Erlebnis.

An einem Fenstertisch saßen sechs junge, elegant gekleidete Herren. Sie aßen, waren vergnügt und unterhielten sich recht merkwürdig. Drei sprachen Deutsch und drei sprachen Französisch. Mitunter, wenn Missverständnisse möglich waren, bedienten sie sich der fremden Sprache, radebrechten und redeten mit den Armen.

Ich hörte zu und merkte langsam, dass es sechs Sechstagefahrer waren, die einige Tage vor dem Beginn des Rennens eingetroffen sein mochten und über das Dreistundenrennen, das am Vortage stattgefunden hatte, sprachen. Louet hieß einer von ihnen, Buschenhagen ein anderer. Sie saßen zusammen und trieben auf ihre Weise Völkerverständigung.

Finden Sie, dass dies ein schönes kleines Frühjahrserlebnis war? Ich finde es. Man ist in vielen Dingen bescheiden geworden.

6-Tage-Rennen

Sie sitzen sechs Tage auf Rädern.
Sie fahren sechs Tage im Kreis.
Ihr Podex wird zusehends ledern.
Sie laufen sich langsam heiß.

Sie spurten und stürzen und jagen.
Sie fahren sehr häufig sehr schnell.
Auch fahren sie, sozusagen,
mitunter nicht ganz reell.

Sie brauchen den Kopf nur zum Bücken
und schmissen ihn lieber fort.
Denn bloß der verlängerte Rücken
führt hier das große Wort.

Sie fahren sechs Tage im Kreise.
Sie treten sechs Tage Pedal.
Das Publikum stiftet Preise
und macht bei der Wertung Skandal.

Sie steigen nur ab, wenn sie müssen.
Sie trinken die Eier roh.
Sie dürfen sechs Tage nicht küssen
und sind darüber noch froh.

Die Frauen betrachten die Wade
des Fahrers X sehr scharf
und denken: »Es ist doch schade,
dass er nur Rad fahren darf.«

Sie fahren fast ohne Pause.
Kein einziger Stuhl steht leer.
Es ist wie im Irrenhause!
Und vielen gefällt das sehr.

Meist wurde schon vorher besprochen,
wer siegt und wer verliert.
Sie fahren ununterbrochen.
Sie fahren wie geschmiert …

Sensationen nach rückwärts

Von Hamburg bis nach New York braucht man normalerweise eine Woche Zeit. Wenn man, etwa im Flugzeug, nur 40 Stunden dazu benötigt, so ist das eine Sensation. Es ist aber genauso gut eine Sensation, wenn man sich in ein kleines Ruderboot setzt und zur Überquerung des Ozeans vier Wochen braucht … Es gibt nämlich zwei Sorten von Sensationen. Beide unterscheiden sich von den üblichen Geschehnissen durch abnorme Resultate, aber in verschiedenem Richtungssinn. Eine Sensation ist entweder ein übernormaler oder ein unternormaler Rekord, und es ist gar nicht so ohne weiteres sicher, dass dem Publikum eine vierzigstündige Flugüberquerung des Ozeans größeren Eindruck macht als eine vierzigtägige Überfahrt auf einem Kistendeckel mittlerer Größe.

Aus diesem Grunde sind die Rekordjäger und Sensationsmacher keineswegs bloß darauf aus, unter Ausnutzung von Körperkräften oder technischen Neuerungen bereits bestehende Leistungen zu überbieten, sondern sie unterziehen sich mit genau dem gleichen Eifer der zuweilen beträchtlichen Mühe, Rekorde so sehr wie möglich zu unterbieten. Ausschlaggebend für die Beurteilung und Einschätzung der Sensation ist lediglich die Distanz, die die abnorme Leistung von der gewöhnlichen und alltäglichen trennt. So gibt es also Sensationen, die in Zukunft durchschnittliche Leistungen sein werden, und andere Sensationen, die den Durchschnittsleistungen der Vergangenheit gleichen. In 150 Jahren wird kein Mensch nervös werden, wenn er hört, dass ein Flugzeug über dem Ozean ist, und vor 150 Jahren hätte sich auch kein Berliner erregt, wenn er gehört hätte: Der Eiserne Gustav fährt mit seiner Droschke von Berlin nach Paris und zurück.

Haben diese Arten der Sensation verschiedenen Wert? Gewiss: Die eine bemüht sich um die Herbeiführung kommender Selbstverständlichkeiten, die andere erstrebt die Wiederbelebung vergangener Maßstäbe; die eine ist von praktischem Nutzen, die andere will nichts als originell sein.

Wenn die primitiven Sensationen, im Gegensatz zu den zivilisierten, auch nur originell sind oder sein wollen und im eigentlichen Sinn nicht den mindesten Zweck haben, so verdienen sie doch besondere Aufmerksamkeit, weil sie, dank dieser Zwecklosigkeit, viel eindeutiger als die andere Sensationsart das Wesen des modernen Publikums entziffern helfen.

Kürzlich sah man in illustrierten Blättern eine recht komische Photographie. Zwei als Pfadfinder eingekleidete, durchaus erwachsene Leute hielten je eines des unter dem Namen »Trittroller« bekannten und von den Kindern heißgeliebten Laufspielzeuges in den Händen. Eine große Menschenmenge umstand das lächerliche Paar, und unter dem Bild war bemerkt, dass die beiden Männer auf ihren Trittrollern Europa zu durchqueren die Absicht hätten. Sie planten, hieß es, in einem Vierteljahr fünftausend Kilometer zurückzulegen. Man müsste nun wohl denken, Europa werde über diese zwei Herren lachen und sie günstigstenfalls für Spaßvögel halten. Es ist aber im Gegenteil anzunehmen, dass die Serben, Bulgaren, Rumänen und Türken unsere Trittroller kräftig umlagern werden, wie es Tausende von Staatsbürgern deutscher Nation taten, die auf der Photographie zu sehen waren.

Man wird den beiden Trittrollern vielleicht kein Denkmal setzen, aber es wäre nahezu wünschenswert, dass man es täte; denn man hat Männern, die besonders rasch gelaufen sind, Denkmäler errichtet, und es wäre nur recht und billig, wenn denen, die Rekorde der Langsamkeit aufstellen, dasselbe Glück, noch zu Lebzeiten, widerführe.

Und jetzt die Bauchwelle!

Zeit: Mitte der 1920er Jahre. Ort: Turnhalle mit den üblichen Geräten, Bänken an der Rückwand und Fenster zum Garten. Alle Personen in Turnkleidung.

Der Kinderfilmstar JACKIE COOGAN *hat* VATER, MUTTER *und beider Freund* ALTENBERG *sowie noch ein paar* HERREN *und* DAMEN *dazu verdonnert, mit ihren Kindern die Rollen zu tauschen – zur Strafe dafür, dass sie ihre Kinder vernachlässigt haben.*

VATER *setzt sich mühselig und stöhnt.* Mir ist grade, als hätte mich ein Autobus überfahren. Au, au! Ich bin sicherlich sterbenskrank …

ALTENBERG. Sie haben sich – du hast dich vorhin bei dem Hundertmeterlauf überanstrengt, lieber Direktor.

VATER. Direktor sagt der Mensch! Au! Auch das noch!

MUTTER. Er wollte natürlich den ersten Preis kriegen. Er ist immer so ehrgeizig.

VATER. Sei ruhig! – Wissen Sie, weißt du: Ich kam bei dem Start schlecht ab. Sonst hätte ich dich *(zu einem Statisten)* spielend geschlagen.

ERSTER HERR. Mir tun alle Knochen weh! Wenn man bloß ins Bett dürfte! Man darf aber nicht!

ERSTE DAME. Wie mir mein tägliches Mittagsschläfchen fehlt!

ALTENBERG. Man gewöhnt sich. Wir haben alle ein bisschen das Muskelfieber. Wenn wir's erst gewöhnt sein werden, macht uns auch ein Sechstagerennen nichts mehr aus.

VATER. Na erlauben Sie mal! Nee, ich lass mich vom Turnen dispensieren. Ich sag dem Schularzt, ich wär im Wachsen. Mir bekommt das Turnen nicht.

ERSTER HERR. Das legt sich. Und Dispens gibt's nur bei wirklichen Krankheiten. Faulheit sei keine Krankheit, sagt der Arzt.

VATER. Na hören Sie aber auf! Selbstverständlich ist Faulheit eine Krankheit!

MUTTER. Bei manchen sogar eine unheilbare.

VATER. Ruhig sollst du sein! Nein und kurz und gut: Ich decke mich nachts auf. Da werd ich schon krank werden. Das wäre ja gelacht!

ZWEITER HERR. Auf der Börse hat's gestern einen schwarzen Tag gegeben. Ich hörte, wie es mein Sohn seiner Schwester erzählte.

VATER. Es ist gar nicht auszudenken! Ist Ihr Säugling auch Bankdirektor? Nein? Seien Sie froh! Pardon, sei froh, wollte ich sagen.

ALTENBERG. Sie trauen den Kindern zu wenig zu! Wenn die den Börsenrummel [...] schon verstünden, hätte es natürlich den schwarzen Tag nicht gegeben!

VATER. Ich hatte paar Termingeschäfte in Aktien laufen. Das wird eine fette Pleite geworden sein!

ERSTER HERR. Das geht uns jetzt nichts an.

VATER. Sie haben gut reden! Sie sind Beamter! Nein, ich lass mich hier nicht mehr wie ein dummer Junge behandeln!

MUTTER. Es steht dir aber gut, mein Lieber!

VATER. Dumme Witze! Wenn du deinen wissensgrünen Sohn Klaus ums Geld fürs Kino betteln musst, bist du auch nicht entzückt.

ZWEITE DAME. Meine Tochter hat mich gestern Abend um sechs ins Bett geschickt. *Weint.*

ERSTER HERR. So? Warum denn?

ZWEITE DAME. Ich hatte nicht gefolgt. *Weint weiter.*

ALTENBERG. Was hatten Sie – was hattest du denn angestellt?

ZWEITER HERR. Geschah meiner Frau ganz recht. Früh, wenn sie geweckt wird, will sie [nicht] aus dem Bett. Das hat sie sich angewöhnt, als wir noch richtige Eltern waren. Da schlief sie regelmäßig bis Mittag. Die Kinder standen früh auf und wurden vom Dienstmädchen abgefüttert. Nachmittags ging sie spazieren, traf Bekannte – bloß ihre eigenen Kinder traf sie nie. Wenn sie nach Hause kam, lagen die schon wieder im Bett!

VATER. Bravo! Genau wie meine Frau! Ich werde dem Klaus sagen, er soll sie auch um sechs ins Bett schicken!

MUTTER. Dich aber mit!

VATER. Zur Strafe, was?

MUTTER. Na, die Kinder sollen es sich nur wagen!

ERSTER HERR. Was wollen Sie dagegen tun? Sie behandeln uns elektrisch, bis du aus Stein wirst.

MUTTER. Solche Zustände! Und das lassen wir uns gefallen! Pfui Teufel. Ich mache nicht mehr mit! *Haut mit einer Turnkeule gegen Reckstange und Barren. Die andern sind ziemlich ängstlich und im folgenden Auftritt schadenfroh.*

JACKIE COOGAN *kommt leise in die Halle und sieht stumm zu. Alle andern außer der Mutter, die ihn nicht bemerkt, stellen sich in Reih und Glied, der Größe nach, auf.*

JACKIE. Pauline!

MUTTER *fährt zusammen, […] versteckt die Keule hinterm Rücken.*

JACKIE. Was machst du da?

MUTTER. Ich will nicht mehr folgen! Ich will nicht so früh ins Bett! Ich will nicht mehr jeden Tag Pudding essen! Ich will nicht mehr mit Puppen spielen! Ich will nicht mit im Ballett tanzen! Ich will nach Hause! […]

JACKIE. Soso, du willst nach Hause. Jetzt nimm dir erstmal eine zweite Keule dazu! Und stell dich in die Ecke!

MUTTER *befolgt die Befehle.*

JACKIE. Linksum kehrt! Die Arme seitwärts – streckt!

MUTTER *steht jetzt mit dem Rücken zum Publikum, Keulen seitlich. Mitunter versagen ihr die Kräfte; sie lässt die Arme sinken. Aber* JACKIE *hilft stets nach.*

JACKIE. So, Paulinchen, wir werden dir das Meutern schon abgewöhnen. – Die andern … ganze Abteilung links – um! Zur Aufstellung hinter dem Reck ganze Abteilung – vorwärts – marsch! Abteilung – haalt! Wir üben jetzt die Bauchwelle. Wer will sie vorturnen? Nicht so viele auf einmal! – Na, da muss ich einen bestimmen. Altenberg! Marsch ans Reck!

ALTENBERG. Ich kann so was bestimmt nicht. Ich war früher schon furchtbar schlecht im Turnen.

JACKIE. In welchem Fach hast du schon was getaugt! Vorwärts! Geh in Stütz! So – und jetzt die Bauchwelle!

ALTENBERG. Ich trau mich nicht. Mit dem Kopf vornüber?

JACKIE. Ganz recht. Aber bisschen plötzlich! Soll ich dir wohl Beine machen?

ALTENBERG. Also Gott befohlen! *Lässt sich vornüberfallen, bleibt auf dem Bauch liegen, kommt weder hoch noch runter.*

JACKIE *haut ihm eine hinten drauf.*

ALTENBERG *wagt sich sorgfältig auf die Beine.* Na, da ging's ja doch noch!

JACKIE. Abscheulich sah's aus! Man könnte dabei an der Menschheit verzweifeln. So was von einer unbegabten Generation! Zum Heulen. – Na, tritt ab! Ganze Abteilung – wer nicht ans Reck gerufen ist, macht Freiübungen!

Alle Erwachsenen machen in buntem Durcheinander Freiübungen.

JACKIE. Pauline, komm her!

MUTTER *stellt die Keulen hin, reibt sich die Arme und kommt.*

JACKIE. Bisschen plötzlicher! Allons! Mach die Bauchwelle!

MUTTER *kommt trotz großer Mühe nicht in Stütz.* Ich komme nicht mal rauf.

JACKIE. Hol die Leiter!

MUTTER *holt einen Tritt, klettert hoch. Die andern lachen. Jackie zieht den Tritt wieder weg.*

VATER *hebt die Hand.*

JACKIE. Was willst du?

VATER. Ich muss mal raus.

JACKIE. Du willst ja doch nur Zigaretten rauchen.

VATER. Nein, nicht nur. Es ist höchste Zeit.

JACKIE. Gib die Streichhölzer her!

VATER. Da!

JACKIE. Nun geh! Und bleib nicht so lange!

VATER *ab.*

JACKIE *zur Mutter.* Wie lange willst du noch da oben hängen?

MUTTER. Ich warte nur aufs Kommando.

JACKIE. Also vorwärts!

MUTTER *versucht's, fällt aber nur runter, nimmt den Tritt, klettert wieder hoch.*

JACKIE. Warte, bitte, nicht wieder aufs Kommando! Wird's bald?

MUTTER. Mir wird ja sooo schwindlig! Hat jemand Eau de Cologne?

JACKIE. Stell dich wieder in die Ecke! Marsch! Keulen hoch!

MUTTER *begibt sich auf ihren Platz am Fenster.* Mein Mann raucht draußen Zigaretten.

JACKIE. Alte Klatschbase du! Den eignen Mann zu verpetzen! Willst du gleich die Arme richtig halten? Faul, vorlaut und gefräßig!

Von draußen hört man Autohupen.

JACKIE *sieht auf die Uhr.* Aufhören mit Freiübungen! Antreten! Die Augen – links! Richt euch! Die Augen – gerade … aus!

Automobilrennen

So ein richtiges Rennautomobil
ist nicht groß und wiegt nicht viel.
Und weil es so blutwenig wiegt,
fährt es nicht. Sondern fliegt.

Es fliegt durch Kurven. Es fliegt an Bäume.
Es fliegt durch Zäune in Zuschauerräume.
Es fliegt in die Leute und reißt ein Loch.
Und zum Überfluss explodiert es auch noch!

Denn es ist ja so zart gebaut …
Und es geht ja so leicht entzwei …
Und wenn man dem Rennen zuschaut,
stirbt man mitunter dabei.

Manchmal da sterben nur zwei.
Manchmal gleich eine Reihe.
Stücker zehn oder sieben bloß.
Aber immer ist was los!

Und wer das Leben nicht liebt
(ich weiß, dass es so etwas gibt),
der nehme sich einen Tribünensitz,
an einer Kurve, möglichst spitz.

Da kann er gleich darauf warten,
dass man eiligst Schluss mit ihm mache.
Vielleicht schreibt er noch rasch ein paar Karten …
Denn es ist eine – todsichere Sache!

Boxer unter sich
Plauderei

Boxer – das sind jene Leute, die mit einem gut gezielten Faustschlage mehr verdienen können als ein Schriftsteller mit zehntausend treffenden Bemerkungen. Hieraus folgt, dass Boxen ein interessanter Beruf ist. Leider gehört Talent dazu: Schlagfertigkeit.

Und wo Talente zu finden sind, gibt es Menschen, die Talente suchen. Sie fahren, beispielsweise, in einer Droschke und hören den Kutscher ein kleines Lied trillern. Da springen sie hoch, rütteln den Kerl an der Schulter und sagen: »Wo haben Sie bloß die Stimme her? Sie müssen an die Oper! Besuchen Sie mich morgen früh!« Und in einem Jahr singt der Kutscher in Wien oder Dresden den Don José und wird dann an die Metropolitan engagiert, 500 Dollar pro Abend …

Oder die Talentsucher kommen durch ein Dorf und haben im Wirtshaus Gelegenheit, einer netten harmlosen Prügelei zwischen Holzfällern beizuwohnen. Und da sehen sie, wie ein junger Bursche dem Gegner die Zähne vierteldutzendweise aus dem Mund schlägt. – Eilends wird der gutmütige Junge in ein Auto gepackt; und ein Jahr später fährt er im Luxusdampfer nach Amerika, um gegen die kitzligsten Schwergewichtler zu boxen.

Wir leben in einer Zeit, in der Talente schlecht verborgen bleiben können. Das liegt nun keineswegs daran, dass wir ohne die Talente oder die Talente ohne uns nicht leben könnten. Es liegt vielmehr an den Talentsuchern; sie nennen sich Manager, Trainer, Impresario und tun alle dasselbe: Sie leben von fremden Talenten. Sie suchen das Gold in den Kehlen, Fäusten, Füßen, Köpfen der andern, graben es aus und behalten sich die Hälfte davon. Mindestens die Hälfte.

Aber sie verdienen es sich auch! Der Boxtrainer, beispielsweise, ist der Direktor eines Kraftwerks, nicht mehr und nicht weniger. Er weiß am besten Bescheid über die Leistungsfähigkeit dieses Werks; er reguliert den Kräfteverbrauch und die Kraftzufuhr; er schließt die Geschäfte ab; er macht die Reklame; und ohne ihn kann das Werk in die Brüche gehen. – Der Trainer ist der Regisseur, der Boxer ist der Schauspieler im Boxdrama. Und es ist allgemein das Schicksal der Regisseure, vom Publikum nicht beachtet zu werden.

Vielleicht war diese kleine Einleitung nur nötig, um zu erklären, dass einen Menschen, der gern zugibt, im Boxen Laie zu sein, dieser Sport trotzdem interessieren kann. Er hat, auch jenseits von »groggy« und »knock-out«, spannende Momente. Nur für den bloßen Enthusiasten beginnt der Kampf erst dort, wo er eigentlich aufhört: im Kampfring.

Und weil es das Vorrecht des Laien ist, ohne Prestigeverlust unrecht zu haben, behaupte ich ohne Skrupel: Das Training ist interessanter als der Kampf. Sollte diese Behauptung falsch sein – es tut nichts. Denn im Rahmen einer Plauderei behalte ich ja doch recht. Wer hat einen Boxkampf gesehen? Es sind viele. Aber, wer hat schon ein Boxtraining gesehen? Wenige. Sehr wenige.

Also ist es interessant, davon zu berichten.

Der Kampf um die deutsche Schwergewichtsmeisterschaft sollte im Mai zwischen dem Europameister Max Schmeling und dem

Bayern Ludwig Haymann ausgetragen werden. Ich rief Schmelings Trainer, den ausgezeichneten Bülow, an und bat ihn, mir eine Zeit anzugeben, wann ich seinen Schützling beim Training besuchen dürfe. Bülow sagte, Schmeling habe eine Handverletzung; ich solle nicht drüber sprechen und später noch einmal anklingeln.

Eine Woche später – und das war eine Woche vor dem Kampfdatum – meldeten die Blätter, Schmeling könne wegen einer Handverletzung seinen Titel nicht verteidigen. Statt seiner werde der ehemalige Meister Franz Diener am gleichen Datum mit Haymann um den frei gewordenen Titel boxen.

Also rief ich Dieners Trainer, den gefürchteten Türken Sabri Mahir, an; und der sagte: ich solle am Nachmittag kommen. – Sabri Mahirs Boxschule befindet sich wenige Schritte von der Tauentzienstraße und vom Wittenbergplatz, im Zentrum des Berliner Westens. Man geht durch einen Hof; im ersten Gartenhaus ist ein großer literarischer Verlag; im zweiten Gartenhaus liegt die Boxschule. Es ist ein hübsch verputztes Häuschen, mit Gardinen und Blumen. Man sieht dem zierlichen Gebäude nicht an, dass drin einer der gefährlichsten europäischen Boxer und einer der klügsten Trainer ihr Wesen treiben.

Der Raum zur ebenen Erde ähnelt einer kleinen Turnhalle. Die eine Hälfte wird von dem Trainingsring ausgefüllt; in der andern hängen der lederne Sandsack, schwer und groß wie ein menschlicher Rumpf; der kleine harte Punchingball; mehrere Plafondbälle, an denen Schlagserien geübt werden. Eine Art Ruderboot steht herum zum Training der Arm- und Beinmuskulatur; eine Leiter zum Turnen gibt's und manches mehr.

Es ist endlos lange her, dass ich in einer Turnhalle herumstand. Damals trug ich eine kleine schwarze Turnhose, heute trag ich ein kleines schwarzes Notizbuch. Doch ich steck es wieder weg. Notizbücher passen schlecht in Turnhallen.

Eine Menge Schritte rasseln die Wendeltreppe herunter. Fünf Männer in kurzen Hosen kommen herab: erst ein ganz großer, Diener selber; dann einer, der etwas kleiner ist; ein noch kleinerer; noch ein kleinerer; der letzte ist geradezu winzig. Schwergewicht, Halbschwergewicht, Mittel-, Leicht- und Fliegengewicht. Zum Aussuchen. Der ganze »Stall« des Trainers. Schließlich kommt er selber. Wortkarg und aufmerksam. Lehnt sich in eine Seilecke des Rings und wartet ab.

Diener und der Halbschwere klettern in den Ring. Über die dick bandagierten Hände stülpt ihnen ein Zivilist riesige, schwer-unzige Handschuhe. Der Trainer sagt: »Zeit!« Der Zivilist guckt an die Uhr. Die Boxer werden handgemein …

Inzwischen stehen die drei andern Boxer nicht etwa beschäftigungslos herum. Der kleinste hüpft Seil. Ich kann nur sagen: wie ein Wiesel. Obwohl ich, offen gestanden, noch niemals ein Wiesel Seil hüpfen sah. Er zappelt mit den Füßen in der Luft; er hüpft einbeinig; er kreuzt die Hände überquer.

Der zweitgrößte haut auf den Sandsack los, als wolle er ihn an die Decke schleudern. Doch der Sandsack rührt sich kaum von der Stelle. Und der Boxer wird zusehends warm.

Der Mittelgewichtler übt an einem der Plafondbälle. Als habe er den Kopf eines Gegners vor sich, schlägt er auf den Ball, der bei jedem Treffer gegen eine horizontale Holzwand dröhnend antrifft.

Links, rechts, links, rechts, links, rechts – links, links, links, rechts!
Das Haus scheint zu zittern.

Inzwischen absolviert Diener drei Runden mit dem Halbschweren. So sieht also ein Freundschaftskampf aus! Diener blutet aus der Nase, dass es eine Art hat. Und da ihm das nicht recht ist, geht er auf den Gegner los, als wolle er ihn zerhacken. Der lächelt verlegen, haut – ohne »Pardon« zu sagen – schon wieder auf Dieners Nase und steckt die Quittung ergeben ein.

Sie springen wie die Eber herum.

Der Trainer steht am Seil, beblinzelt den Kampf, sagt zuweilen »Gut!«, manchmal sogar »Sehr gut!« und zeigt, am Seil entlang, Korrekturen der Beinarbeit. Dann holt er Wasser und Leinwand; der Zivilist kündigt die Pause an; und Diener wird die blutige Nase geputzt. Er ist erstaunt, sehr erstaunt sogar, dass seine Nase überhaupt noch blutet, wenn jemand draufboxt. Doch er sagt schließlich: »Lass mal ruhig bluten! Da ist's dann vorbei.«

Es muss komisch sein, solche Riesenhandschuhe an den Händen zu haben. Man kann sich nicht im Gesicht jucken. Man kann sich die Nase nicht persönlich putzen! Es wäre mir schrecklich …

Der Gegner dampft, hängt sich ein Handtuch über die Schultern und verschwindet auf der Wendeltreppe. Diener fängt nun an, mit dem Mittelgewichtler drei Runden zu kämpfen. Der Mittelgewichtler hat eine äußerst nervöse Technik. Er kämpft meist aus geduckter Lage heraus, und Diener hat Gelegenheit, diese drei Runden ganz anders zu »arbeiten« als die vorigen. Er befleißigt sich der größten Behendigkeit; fällt dabei krachend hin; der Partner hilft ihm hoch; weiter geht's!

Inzwischen springen die andern weiter Seil; prügeln, nur mit Bandagen, auf dem Sandsack herum; legen sich auf den Rücken, rollen mit den Beinen, beugen Rumpf und Kopf, atmen tief, mit dienlichen Armbewegungen.

Dann ist die sechste Runde aus. Der Mittelgewichtler geht, und der Leichtgewichtler klettert in die Seile. Er sieht neben dem Schwergewichtler recht bescheiden aus. Wollen die zwei wirklich miteinander boxen? Herzliches Beileid, Herr Leichtgewicht! Nein, sie machen nur Stemmübungen, werfen sich gegeneinander, stoßen bald die eine, bald die andere Hand gegen die Schulter des andern. Man schiebt sich so hin und her, und Sabri Mahir erklärt mir, das sei eine von ihm erfundene Übung, um die Ausdauer zu steigern. Dann treibt Diener, ohne Partner, sogenanntes »Schattenboxen«. Er springt gegen einen unsichtbaren Gegner an, landet unsichtbare Treffer, weicht aus, schlägt Finten, dreht und wendet sich, so geschwind er es vermag.

Ist er immer noch nicht fertig? Nein, jetzt klettert der kleinste Boxer zu ihm hinein. Sogar der Trainer muss lächeln. Aber diese Runden haben doch einen sehr vernünftigen Sinn: Das Schwergewicht soll zusehen, dass es sein Tempo dem Fliegengewicht annähert, das ja viel flinker und wendiger ist als der um vieles schwerere, größere Boxer. Ohne Handschuhe und Bandagen geht man aufeinander los. Der Kleine wirbelt wie der Wind vor den Beinen des Großen hin und her, springt, duckt ab, wendet, schlägt mit der flachen Hand. Langsam wird eine Art »Watschentanz« aus dem Training. Es klatscht nur so. Und wir andern stehen herum und schmunzeln.

Dann ist auch das vorüber. Aber Diener hat noch keine Ruhe, trotz der zwölf Runden im Ring. Er übt am Plafondball Schlagserien und Atemtechnik. Denn es ist natürlich nicht gleichgültig, ob man einen Uppercut lanciert, während man aus- oder einatmet! Der Gummiball knattert wie Kanonendonner durchs Haus. Kein Stoß wird verschlagen, jeder sitzt. – Nachher wird noch, platt auf einer Holzpritsche, geturnt, geatmet, gerollt, gekippt.

Endlich ist das Training vorüber. Die Boxer waschen sich und verschwinden, nacheinander, über die Wendeltreppe. Man hat mich vergessen! Ich stehe hübsch einsam an den Seilen, gehe umher, hau mal gegen den Sandsack und gegen den Punchingball, schnuppre die Luft, die nicht zu knapp nach Arbeit riecht, und klettere schließlich selber die Wendeltreppe hoch. Sie mündet in einem Ankleidezimmer. Franz Diener steigt vor seinem Kleiderschrank gerade in die bürgerliche Kleidung. Zu einem der Zivilisten sagt er: »Du holst neue Kartoffeln und Gurken. Hier hast du die Schlüssel, damit du nicht klingeln musst. Ich will schlafen.« Der Zivilist verschwindet.

»Mich müssen Sie mal essen sehen«, sagt Diener dann zu mir, »da läuft Ihnen das Wasser im Munde zusammen.« Ich wage es nicht zu bezweifeln, nicke und meine: »Der Meisterschaftskampf kommt recht überraschend, was?«

»Und ob! Einen Monat hab ich kaum trainiert, und nun, in den paar Tagen soll man alles nachholen. Ich kann vor Muskelfieber kaum gehen und sitzen.«

Was Muskelfieber ist, weiß ich aus Erfahrung. Man soll es niemandem wünschen, wenn es nicht unbedingt notwendig ist!

»Aber«, sag ich, »Sie haben doch eine Augenverletzung. Können Sie denn damit antreten?«

»Ich denke schon«, bemerkt er und lässt sich in die zersprungene Augenbraue weiße Salbe schmieren. Dann fährt er fort: »Meine Wirtin macht mich noch verrückt! Sooft ich was am Auge habe, jammert sie rum und sagt: ›Aber Herr Diener! Ihr Auge, Ihr Auge! Können Sie denn nicht mal dem anderen eins draufhauen?‹ Soll man da nicht verrückt werden? Wie?«

Es äußert sich niemand hierzu. Es freuen sich nur alle, dass Franz guter Laune ist, trotz Muskelfieber und Augenbraue.

Nun, man ist angezogen. Diener geht ins Bett. Ich verabschiede mich und gehe nach Hause …

Wenige Tage später sagt Diener den Kampf gegen Haymann ab. Wegen einer Augenverletzung. Und nochmals einige Tage darauf berichten die Blätter: Schmeling befindet sich auf der Fahrt nach Amerika, um ein günstiges Kampfangebot anzunehmen.

Er hat also den deutschen Meisterschaftstitel aufgegeben, um seine verletzte Hand für die amerikanischen Dollar zu pflegen. Nun, in Geldfragen soll man nicht hineinreden …

Tausend Worte Tanz

Dass der Tanz ein Sport genannt wird, ist keine Metapher. Er ist es tatsächlich. Und es besteht im Wesentlichen nicht der geringste Unterschied darin, ob eine junge Dame Tennis spielen oder tanzen geht. Wer sie zum Black Bottom engagiert, bietet sich als sportlicher Partner an. Sie erwartet keinen Flirt, keine verstohlenen Blicke oder derartiges Zuckerwerk. Sie erwartet nur, dass er tanzen kann. Doch das freilich – das muss er können!

Sonst erregt er günstigenfalls Mitleid; schlimmstenfalls wird er mitten im Tanz gebeten, die Partie abzubrechen. Oh, so etwas ist peinlich! Die jungen Mädchen verstehen es, Blicke abzuschießen, die den untüchtigen Tänzer und sein bisschen Selbstachtung in Grund und Boden bohren. Er kommt sich vor wie ein Mann, der sich bereit erklärt hat, als Ersatzmann im Wasserballspiel um irgendeinen Pokal einzuspringen; und plötzlich merkt die Mannschaft: Der Kerl kann ja nicht einmal schwimmen! Ertrinken schiene ihm in solchem Falle ein glücklicher Ausweg.

Tanz ist also ein Sport. Und wer ihn nicht treibt und nicht trainiert, der kann nicht mitreden und nicht mittanzen. Diese Wegentwicklung des Tanzes vom Gesellschaftsspiel zum Amateursport hat notwendigerweise einen Beruf geschaffen, den es vorher noch nicht gab: den Eintänzer.

Der Eintänzer ist der Trainer der Damen, die Tanz treiben. Er ist ein bezahlter Sportpartner, ein Professional. Er unterrichtet spielend; er trainiert das tänzerische Können der Frauenwelt. – Seitdem ist der männliche Tanzdilettant bei den Besucherinnen der Fünfuhrtees, wie man so schön sagt, »abgemeldet«. Er stört bloß. Er gibt einen unzureichenden Partner ab. Die jungen Damen zucken die Achseln über ihn. Und wenn er der Erfinder des Perpetuum mobile wäre – sie betrachten ihn geringschätzig. Soll er erfinden, soviel er Lust hat, aber beim Tanz nicht lästig fallen! Sie winken irgendeinem Eintänzer – nur mit den Augen, es genügt! – und trainieren mit dem.

Der versteht's.

Es ist begreiflich, dass die Herrenwelt auf den Berufstänzer nicht besonders gut zu sprechen ist. Denn die Kaufleute, die Angestellten, die Beamten, sie alle haben ja, außer dem Tanz, noch einen kleinen Nebenberuf. Sie haben nicht die Zeit dazu, jedes neue aus Paris oder New York importierte Kreuzschritträtsel zu lösen. Sie haben auch nicht den nötigen »Ernst«, der zur Erlernung jedes neuen Tanzschrittes unerlässlich ist und den viele Mädchen und Frauen spielend aufbringen!

In Berlin ist das Eintänzertum – man darf es getrost aussprechen – zu einer *Stadtplage* geworden. Diese jungen Leute, die nachmittags im kombinierten Anzug und abends im Smoking die Hotels und Bars bevölkern, in den Musikpausen in allen Ecken herumstehen und zum Tanzbeginn wie ein Heuschreckenschwarm über die Frauen herfallen – diese jungen Männer verekeln den meisten beruflich Tätigen eine harmlose, von der Arbeit im Büro abgestohlene Kaffeestunde bis auf den Grund.

Schon ist es so weit, dass in den Zeitungen »*Hilferufe*« von männlicher Seite her ertönen. Selbstverständlich – es gibt größere Sorgen. Aber man darf nicht verkennen, dass die Einflüsse des Eintänzertums auf die Geselligkeit sehr nachteiliger Art sind. Das Vorhandensein dieser Lakaien in Zivil, dieser Kammerdiener für Blues und Tango verdirbt den modernen Charakter der Frauen gewisser Schichten mehr, als man denken sollte. Das oberflächliche Getue dieser weiblichen Modernen nimmt erschreckend zu. Sie gewöhnen sich mit verdächtiger Schnelligkeit an diese arbeitslosen Smokings. Sie verabscheuen mehr denn je ein vernünftiges Gespräch; sie wollen tanzen. Sie übertragen den geringschätzig gleichgültigen Ton, der manchem Eintänzer zukommen mag, in jede Unterhaltung mit Männern. Sie sehen in dieser Sorte männlicher Mannequins beinahe einen idealen Typus. Sie sehen in allen Männern Eintänzer. Und wer dann keiner ist und außerdem schlecht tanzt, wird – und wäre er sonst der entzückendste, klügste und nobelste Mensch – ausgelächelt. […]

Die modernen Tänze wechseln schneller als die Jahreszeiten. Und mancher hat heute den Charleston noch immer nicht begriffen, während er bereits wieder passé ist. Was soll man machen? Tanzen ist nicht die Hauptsache im Leben, aber fraglos eine angenehme Nebenbeschäftigung. Was ist zu tun?

Einige Berliner Tanzcafés haben die Frage praktisch beantwortet. Punkt halb sechs tritt der Vortänzer aufs Parkett und ruft: »Heute fahren wir im Black Bottom fort. Darf ich bitten? Die Damen links, die Herren rechts!« Alles bricht auf. Großmütter, Kaffeetanten, Bürochefs, Herren mit Rekordbäuchen, Ladenfräuleins, ernste Familienväter. Der Tanzlehrer fordert Tanzpaare, die bereits eingeweiht sind, auf, im Nebensaale zu tanzen und die Wissbegier der Anfänger nicht zu stören.

Dann zeigt er Schritt um Schritt, Figur um Figur. Erst allein, dann mit einer Partnerin. Erst ohne Musik, dann mit Musik. Schließlich wandeln die Zöglinge im Gänsemarsch durch den Saal, knicken in die Knie, probieren Doppelschritte, lernen »Rechtes Bein vor – linkes Bein vor – linkes Bein zurück – Grundstellung«, dass es eine Lust ist! Wenn sie es endlich kapiert haben, dürfen sie paarweise die Nutzanwendung ziehen. »Schwererziehbare« werden vom Lehrer in persönliche Behandlung genommen.

Und es ist wirklich nicht ohne Reiz, zu sehen, wie eine reichlich bejahrte Madame ihrem Partner, einem den Konfirmandenhosen noch nicht entwachsenen Jüngling, den neuesten Schritt beibringt. Mit mütterlich pädagogischer Begabung und nicht ganz frei von Gewalttätigkeit, nötigt sie ihn, dass er's richtig mache. Und wenn es ihm gelingt, so eher aus Gehorsam denn aus Begabung.

Hinterher werden sämtlichen Semestern noch die Anfänge der Tangokunst beigebracht. Und es ist erstaunlich und dem, der das Genieren nicht verlernen kann, unbegreiflich, mit welcher Andacht und Versunkenheit sich jeder und jede dem Studium hingeben. Sie lachen so vergnügt über ihre Fehltritte, dass es durchaus wirkungslos wäre, wenn der Betrachter die Stillvergnügten mit Auslachen beehrte.

Jawohl, die Mamas und Großmamas passen sich an. Sie treffen sich zum Fünfuhrtee; sie verbringen ihre Kränzchenstunde beim öffentlichen Tanzunterricht, weil sie Blues, Black Bottom, English Waltz und Tango »können« wollen. Was die Jugend kann, bringen die Großeltern schon lange.

Hoppla – wir leben!

Der Dauertänzer

Fernando heißt er. Schreiben die Blätter.
150 Stunden im Ganzen
nichts tun als tanzen?
Donnerwetter!

Sechs Tage fast. Wenn du rechnen kannst.
Und während wir sechsmal die Lider senken
und schlafen, müssen wir immer dran denken:
Fernando tanzt!

Da wird inzwischen gestanzt und geschanzt.
Da wird inzwischen geküsst und kuranzt.
Da wird inzwischen krepiert und gepflanzt.
Und Fernando? Der tanzt!

Fernando tanzt. So sehr Ihr Euch wundert.
Fernando tanzt draußen. Fernando tanzt drinnen.
Fernando verbraucht an Partnerinnen
zirka sechshundert.

Er dreht sich wie ein Kreisel im Kreise.
Das Essen erledigt er tanzenderweise.
Übers Gegenteil ist kein Wort zu verlieren.
(Da muss er pausieren.)

Fernando tanzt. Doch er tanzt nicht nur.
Er ist zugleich ein echter und rechter
– sagen wir's voller Stolz – Verfechter
unsrer Kultur.

Sechs Tage lang Geburten und Morde.
Immerzu.
Fernando bricht inzwischen Rekorde.
Und was brichst du?

Heute Abend – Dauertanzen!

Als ich, eines schönen Abends, die Kaiserallee in Berlin entlangspazierte, fiel mir ein Plakat auf. Es hing am Eingang zu einem intimen kleinen Tanzlokal, das von den Mannequins des Berliner Westens und von Filmschauspielern gern besucht wird. Im Sommer tanzt man hier im Garten. […]

Ich blieb also vor dem Plakat stehen, das mit schreiender Schrift bemalt war, und las:

Heute Abend
findet in unseren Räumen ein
Großes Dauer-Preistanzen
statt!
Bedingung: **Nur Walzer.**
Die Jury setzt sich aus bekannten Filmschauspielern
und Tanzfachleuten zusammen.
Die Preise – drei Preise für die drei Siegerpaare –
bestehen in Sekt und Bonbonnieren.
Eintritt: 1 Mark.

Ich fand die Ankündigung unwiderstehlich, zahlte an der Kasse eine Mark Eintrittsgeld und betrat den Tanzraum.

Kurze Zeit später forderte der Veranstalter die Anwesenden auf, sich bei Herrn Filmschauspieler Karl B. die Startnummern zu besorgen und paarweise zum Kampf anzutreten.

Es traten acht Paare an. Mehr waren beim besten Willen nicht zu bewegen. In letzter Minute erfuhr die Zusammensetzung der Jury eine Änderung, weil Herr Charlie B., Meister der Schweiz im Kurzstreckenlauf, und die kleine blonde Filmschauspielerin Hilde J. sich entschlossen, an der Konkurrenz teilzunehmen. Man sah es dem Meister über kurze Strecken förmlich an der Nasenspitze an, wie ihn der sportliche Hintergedanke des Dauerwalzens nicht ruhen ließ. Und das niedliche Fräulein neben ihm mochte sich sagen, dass man der Reklame jedes Opfer bringen müsse.

Die Herren ließen sich ihre Startnummer auf den Rücken oder an den Ärmel stecken. Der Veranstalter beschwor die Paare, korrekt zu tanzen, sich eifrig zu drehen und das beliebte kraftsparende Chassieren tunlichst zu unterlassen. Die Jury werde das Rennen – er sagte »das Rennen«! – exakt verfolgen und durch Zuruf Strafpunkte erteilen. Wer mehrfach ermahnt würde und ohne Erfolg, müsse sich die Disqualifikation gefallen lassen und aus der Konkurrenz ausscheiden.

Die acht Pärchen standen da, als sollten sie vereidigt werden. Das sportliche Ehrgefühl griff Platz und gab der Sache einen Anstrich von Feierlichkeit.

Der Veranstalter zog die Uhr heraus. Die Herren legten die Arme um die Taillen ihrer Partnerinnen. Die Kapelle begann, auf einen ernsten Wink hin, mit einem Walzer von Johann Strauß, und die Konkurrenz nahm ihren Anfang.

Die erste halbe Stunde verlief alles ruhig. Die Paare drehten sich wie die Kreisel. Ein würdiger Ernst lag auf den sechzehn Gesichtern. Gelegentliche Versuche, in einen gemäßigten, den Dreivierteltakt und die Drehungen zerweichenden Bostonschritt zu verfallen, der viel weniger strapaziert als der Walzer, wurden durch schneidige Zurufe, vom Tisch der Jury aus, gerügt und im Keim erstickt.

Ich saß dicht am Tanzparkett und studierte die Mienen der Vorbeiwalzenden. Ich täte kaum einem der Beteiligten unrecht, wenn ich jetzt behauptete, sie hätten alle gleichmäßig blöde ausgeschaut. Denn sie sahen wirklich und mit vereinten Kräften blöd aus. Aber war es anders zu verlangen? Wer eine halbe Stunde Walzer getanzt hat und trotzdem beabsichtigt, weiterzutanzen, muss schon ungewöhnlich intelligent sein, wenn er dann noch immer nicht blöd aussehen will. Und – ohne jeden Spott – welcher ungewöhnlich intelligente Mensch brächte es übers Herz, eine halbe Stunde und länger Walzer zu tanzen?

Die Gesichter, auch die der jungen Damen, erinnerten mich, mit jeder Minute mehr, an die Gesichter von Soldaten, die einen halben Tag, mit großem Gepäck, durch besonntes Gelände marschiert sind und soeben den Befehl erhalten haben zu singen.

Die Kapelle begann schlappzumachen. Die Töne wurden falscher und falscher. Nur der Walzertakt blieb in Ordnung. Der Primgeiger setzte aus. Der Klavierspieler ließ sich von einem Gast vertreten. Der zweite Geiger hielt die Augen geschlossen und geigte kompletten Unsinn. Das Interesse der Zuschauer ließ spürbar nach.

Doch da brach die erste Sensation über uns herein: Ein Paar schied aus! Mit merkwürdig wackligen Schritten und krummen

Knien schlich es sich vom Schlachtfeld. Der Veranstalter empfing es und klopfte ihm tröstlich auf die Schultern.

Die weitertanzenden Paare waren plötzlich wie elektrisiert. Sie sahen sich gegenseitig scharf auf die Füße. Einer schrie: »Schiebung!« Ein anderer rief: »Die Juroren sollten besser aufpassen!«

Diese Zwischenrufe waren berechtigt. Der Meister der Schweiz im Kurzstreckenlauf tanzte etwas, was mit Walzer nur noch wenig zu tun hatte. Er schonte sich für den Endspurt, hielt sich mit Vorliebe in den entlegenen Ecken des Parketts auf und tanzte Zeitlupe. Seine Partnerin, der kleine Filmstar, las die Zeitung während des Drehens.

»Der schont sich für die Olympiade!«, brüllte jemand voll Wut. Die meisten lachten. Und die Jury verwarnte ihn. – Er jedoch schien seine sportlichen Erfahrungen zu haben und die Drohung nicht allzu ernst zu nehmen. Er blieb im gleichen, geruhigen Tempo. Und das Fräulein zog gar, hinter seinem Rücken, den Kamm aus der Handtasche, blickte ihm über die Schulter in den Taschenspiegel und kämmte sich den Bubenkopf. Dann begann sie sich zu pudern, legte Rouge nach, strich die Lippen an und zog ihrem Taschenspiegelbild – oder einem Herrn, den sie im Spiegel sah? – Kinderfratzen.

Dann zog einer das Jackett aus. Ein anderer tat es ihm nach. Ein Dritter rief: »Ein Königreich für eine Badehose!« Die Mädchengesichter wurden langsam rot, vielleicht vor Wut, dass sie sich in die Dauerhopserei überhaupt eingelassen hatten. Ein besonders kraftstrotzendes Paar fing, der Müdigkeit zum Trotze, an, Ländler zu tanzen.

Plötzlich erhob sich der Veranstalter vom Stuhl, zog ehrfurchtsvolle Falten und sagte wichtig: »Ich gebe bekannt, dass die Dauertanzkonkurrenz bereits eine Stunde dauert.« Es wurde geklatscht, und ein besonders munterer Berliner rief, während er seine Bahn dahinzog: »Was soll ich machen? Ich muss mal raus!« Alle lachten.

Der Mann brachte mich auf eine gute Idee. Mir war schon ganz elend von der hoffnungslosen Dreherei. Jetzt stand ich auf, nahm an der Garderobe meinen Hut und ging ein Stündchen spazieren.

Der Abend war mild. Der Mond war an Ort und Stelle. Ich ging an den Villen entlang, ließ mich von Hunden anbellen, die an den Gartengittern hin- und hersausten, und wäre recht froh und zufrieden gewesen, wenn ich nicht an die sieben Paare hätte denken müssen, die inzwischen Walzer tanzten.

Als ich in den kleinen Saal zurückkam, verkündete der Veranstalter gerade den Ablauf der zweiten »Tanzstunde«. Es waren noch fünf Paare an der Arbeit. Die seidenen Kleider waren dunkel geworden, wo sie auf der bloßen Haut lagen. Vor Nässe.

Die Szene entwickelte sich langsam zu einer Art Sechstagerennen. Man reichte den Vorübertanzenden Gläser mit Wasser, Bier oder Sekt. Sie stürzten die Getränke wie Verdurstende hinunter. Man brannte ihnen Zigaretten an und steckte sie ihnen, während sie vorüberkamen, in den geöffneten Mund. Man lief ein Stück neben ihnen her und fächelte mit ausgebreiteten Zeitungen Kühlung. Ein besonders freigebiger älterer Herr postierte sich an einer Ecke auf und fütterte die Tänzerinnen mit Pralinen.

Die Zuschauer gerieten in eine Art sportlichen Wahnsinns, suchten sich Favoritenpaare heraus und schienen zu glauben, ihre ewige Seligkeit hänge von deren Sieg ab. Man brüllte. Man johlte, feuerte an, schrie sich heiser.

Das kleine Tanzlokal entwickelte sich rapide zu einem Tollhäuschen. Die Paare zeigten verbissene Mienen und beschimpften die Jury, dass sie nichts unternehme, faule Tänzer aus dem Rennen zu nehmen. Da gaben, in kurzen Abständen, zwei weitere Paare auf. Die jungen Damen klappten förmlich zusammen.

Was die Kapelle spielte, hatte mit Musik überhaupt nichts mehr zu tun. Aber die drei übriggebliebenen Paare walzten weiter. Sieger waren sie zwar samt und sonders, aber jedes wollte das erste sein.

Ich war dem Unfug nicht länger gewachsen. Als ich ging, tanzte man seit zweieinhalb Stunden. Nicht etwa langsamer als zu Anfang, sondern schneller. Eigentlich wollte ich am nächsten Morgen anrufen und mich nach den Endresultaten erkundigen. Doch ich hatte Angst, man könne mir sagen: »Zwei Paare tanzen noch!«

Rekord wider Willen

Dass Fett gewöhnlich oben schwimmt,
Das stimmt. –

In Sassnitz sprach Direktor Braun
Zu seiner Frau: »Auf Wiederschaun!«

Und während sie sich weitersonnte,
Probiert' er, ob er schwimmen konnte.

Es ging: Es gab ihm förmlich Spaß,
Sodass er Sassnitz ganz vergaß.

Dann kriegte er den Krampf ins Bein
Und warf sich rücklings. Und schlief ein.

Als er erwachte, sah er Strand.
Braun suchte Grund und ging an Land.

Er wollte mit den Leuten reden.
Das ging nicht gut. Er war – in Schweden.

Man filmte ihn. Man gab ihm Orden.
Man faselte von Schwimmrekorden.

Der König gratulierte gar.
Braun fand das alles sonderbar. –

Im Postamt schrieb er 'ne Depesche
An seine Frau: er brauche Wäsche

Und etwas Geld. »Denn«, schloss er bieder,
»Den Rückweg schwimme ich nicht wieder.«

Buster Keaton im Sportdress

Buster Keaton – der Mann, der nicht lachen kann – ruft in seinem Film *Der Student* erneut unermüdliche Heiterkeit hervor. Er treibt, um sich bei der Angebeteten beliebt zu machen, Sport. Keine Sportart bleibt unversucht, und kein Missgeschick bleibt ungeschehen. Stoisch erträgt er ein Programm der Blamagen. Bis es gilt, dem Mädchen zu Hilfe zu eilen. Plötzlich kann er alles: Hochsprung, Hürdenlauf, Werfen mit harten Gegenständen. Sein Rivale entweicht. Die Hochzeit wird gestartet. – Übrigens, der schmächtige, meist passive Buster Keaton hat sich in diesem Film decouvriert! Er erscheint im Sportdress: Und man erstaunt, welch trainierter, muskulöser Körper unter dem kümmerlichen Anzug steckt. So könnte ein Weltrekordler eher aussehen als gerade Keaton, der hilflose Stubenhocker, der doch nur gewinnt, wenn der Zufall ihm geschickt sekundiert! Ob wohl auch Chaplin solche Muskeln hat? Höchstwahrscheinlich. – Ein wertvolles Ideal: Sport als stumme Voraussetzung.

Olympia

In Amsterdam, der schönen Stadt,
Werden seit mehreren Wochen
Mit der Faust und dem Fuß und dem Schulterblatt
Dauernd Rekorde gebrochen.

Man rennt sich dort die Beine krumm
Und denkt an die alten Griechen.
Man rennt fortwährend im Kreis herum
Und kann einander nicht riechen.

Man spurtet, sprintet, crawlt und clincht
Und erstrampelt sich Plätze und Siege.
Doch es kommt nicht immer so, wie man wünscht.
Flieg, kleiner Körnig, fliege!

Es gilt die Ehre der Nation!
Sause, Krause, sause!
Doch die Deutschen, samt dem Teutonen Kohn,
Die konnten es nur zu Hause.

Die meisten fühlen sich nicht gesund
Und leiden an mancherlei Krämpfen.
Mit mancherlei Krämpfen im Hintergrund
Kann man natürlich nicht kämpfen.

Die kleine Mayern aus Frankfurt am Main
Florettet die missliche Lage.
Die Radtke rennt schnell. Und die Schrader schwimmt fein.
Das sind zermürbende Tage!

Mein Stammcafé ist besonders erregt:
Der Boy boxt in Amsterdam,
Und wir ziehn, sooft den ein Gegner schlägt,
Dem Wirt die Hosen stramm.

Wir kommen nicht raus aus der Gänsehaut.
Gut geschwommen ist halb verdaut.
Wer gelangt in die Vorschlussrunde?
Wer hat's geschafft? Und wer hat's versaut?
Die Zeitungen schlagen einander schmock out.
Es lebe die Zehntelsekunde!

Radrennen für Fräuleins

Um die Radrennen interessanter als bisher
zu gestalten,
will jetzt jemand – ich weiß nicht mal, wer –
Damenradrennen abhalten.

Nicht etwa, unterm Mantel des Sports,
dreiviertelnackt, für lüsterne Lords,
Damenrummel, wie wir das kennen!
Sondern, im wahrsten Sinne des Worts:
Damenradrennen.

Junge, stramme Fräuleins auf Rädern,
absolut ernst zu nehmen!
Wird den Onkels, Söhnen, Vätern,
die da zuschaun, pubertätern,
sollen sie – o pfui! – sich schämen.

Hundertkilometerläufig,
hinter Motorrädern lang,
Ohnmacht, Anfall, Unfall häufig!
Feste, Anna!! Mit Jesang!

Nach der ersten halben Stunde
hängt den jungen Damen allen
sehr viel Zunge aus dem Munde.
Feste, Hedwig! Noch 'ne Runde!
Doch sie ist vom Rad gefallen …

Ruth und Lenchen fahren besser.
Leider werden die Trikots
immer nässer
(und sie passen immer besser!).
Vaters Augen werden groß;
er betrachtet die Popos …
Damenrennen? Bitte, los!

Man geht wieder zu Ringkämpfen

Der Boxsport hat vorübergehend an Popularität eingebüßt. Man fährt in den Zirkus Busch, wo wochenlang um den »Wanderpreis der Stadt Berlin« gerungen wird. Das große alte Kuppelgebäude ist fast jeden Abend ausverkauft. Schriftsteller und Schauspieler, Damen und Dämchen sitzen neben »Fachleuten« aus der Berliner Unterwelt, Kerlen, die ohne Schlips und Kragen ankommen und Bulldoggengesichter haben. – Schon wissen sie alle, auch die Damen, was ein Überwurf und ein Schleudergriff ist und dass die »Krawatte« noch etwas ganz anderes sein kann als ein seidener Binder. Sie pfeifen, wenn der Italiener Equatore, der den wilden Mann mimt, zu temperamentvoll wird. Sie pfeifen, wenn das Ringerpaar von der Matte rollt und, regelwidrig, dort die Griffe nicht lösen will. Sie schreien: »Verwarnung! Verwarnung!«, wenn Naber (Lettland) mit dem Fuß nachhilft. Und sie stöhnen mitleidig, wenn Ahrens (Westfalen) den Ungarn Nagy mit seinem gefürchteten Doppelnelson beehrt. – Sie sind schick. Sie wissen alles. Sie wissen sogar alles besser! Und das ist das untrügliche Zeichen dafür, dass in Berlin etwas zur neuesten Mode ernannt wurde. – Und wenn Krummin (Lettland) seinen Gegner, den vielgehassten Equatore (Italien), mit der »Krawatte« stranguliert, brüllen sie vom Heuboden: »Dreh ihm den Kopf ab!« Und dann lachen Tausende, dass die alte berühmte Zirkuskuppel dröhnt. – Brot und Spiele, so hieß die Zauberformel des antiken Rom. Die Spiele wären da. Nur, das Brot ist knapp.

Arbeiter, treibt Sport!

Man wird sich entsinnen, dass der Brecht-Ottwalt'sche Film *Kuhle Wampe oder Wem gehört die Welt* verboten wurde und dass diejenigen, die den Film von Interessentenvorführungen her kannten, erklärten: sie verstünden diese Zensurmaßnahme nicht. Inzwischen ist der Film freigegeben worden, und nun ist jeder, der ihn sich angesehen hat, in der Lage, in das allgemeine Kopfschütteln über das Verbot einzustimmen.

Der Film ist zwar künstlerisch nicht viel wert, aber das kann kein Verbotsgrund gewesen sein. Wir wissen ja, dass noch wesentlich schlechtere Filme von der Zensur unbehelligt bleiben. Nun könnte man beinahe auf die Vermutung kommen, es seien politische Bedenken maßgebend gewesen! Doch auch diese Vermutung stellt sich als unhaltbar heraus. Denn der Sinn des Films, wenn man überhaupt einen Sinn darin entdecken kann, ist fraglos der: dass jugendliche Arbeitslose Sport treiben sollen. Man sieht eine Ruderregatta, ein Wettschwimmen und ein Motorradrennen, und anlässlich der Preisverteilung kriegt sich das verzankte Liebespaar, von dem gehandelt wird, wieder. Dergleichen sollte verboten oder verbietbar sein?

Es handelt sich freilich um einen Arbeitersportverein. Aber haben die Zensoren erwartet, Brecht würde den Arbeitslosen raten, sie möchten in den Polo-Club eintreten? Es wird, gewiss, außerordentlich viel marschiert, aber im Yorck-Film, der doch erlaubt wurde,

69

marschierte man nicht weniger. Und ob man beim Marschieren mit dem rechten oder linken Bein antritt, fällt hier wirklich nicht auf. Es wird nämlich nicht gesagt, wohin der Marsch geht. Es wird im Chor gesungen: »Vorwärts, und nicht vergessen: die Solidarität!«

War das ein Grund, zu verbieten? Solidarität ist doch die Maxime aller Massenorganisationen!

Die Handlung des Films lässt sich nicht wiedererzählen. Erstens einmal hat er keine, sondern deren drei. Und zweitens sind alle drei Handlungen belanglos, zwei davon sogar ziemlich töricht. Nur einzelne Szenen sind, in Photoreportage, Songs und Unwichtiges verstrickt, des Sehens wert. Die erste Handlung gilt dem optischen Bericht über die Arbeitslosigkeit; die zweite der Darstellung eines falschen Auswegs, des Aufenthalts in der kleinbürgerlichen Zeltsiedlung »Kuhle Wampe«; die dritte endlich dem allein seligmachenden Ausweg, dem Mitmarschieren und Mitsingen bei Arbeitersportfesten.

Viel interessanter als der Film wäre Folgendes: zu hören, wie sich urteilsfähige junge Arbeiter und Arbeitslose zu diesem »Parteikunstwerk« stellen. Zum Schluss sei noch erwähnt, dass ein (dem Brecht-Kollektiv übrigens nahestehender) Kritiker schrieb, das Marschieren der nationalsozialistischen Jugend und das der kommunistischen Jugend, wie dieser Film es zeige, seien einander zum Verwechseln ähnlich.

Berliner Sportpalast 1933

Als ich in jener Zeit, anlässlich der Amateurboxmeisterschaft, im
Berliner Sportpalast saß und als zu meiner Überraschung bei jeder Siegerehrung die Besucher aufstanden, den Arm hoben und
die beiden Lieder sangen, blieb ich als Einziger sitzen und schwieg.
Hunderte schauten mich drohend und lauernd an. Nach jedem
Boxkampf wurde das Interesse an mir größer. Trotzdem lief dieses Nebengefecht des Abends, zwischen dem Sportpalast und mir,
glimpflich ab. Es endete unentschieden. Was ich getan, genauer,
was ich nicht getan hatte, war beileibe keine Heldentat gewesen.
Ich hatte mich nur geekelt. Ich war nur passiv geblieben. Auch damals und sogar damals, als unsere Bücher brannten. Ich hatte angesichts des Scheiterhaufens nicht aufgeschrien. Ich hatte nicht mit
der Faust gedroht. Ich hatte sie nur in der Tasche geballt. Warum
erzähle ich das? Warum mische ich mich unter die Bekenner? Weil
immer, wenn von der Vergangenheit gesprochen wird, auch von der
Zukunft die Rede ist. Weil keiner unter uns und überhaupt niemand
die Mutfrage beantworten kann, bevor die Zumutung an ihn he-
rantritt. Keiner weiß, ob er aus dem Stoffe gemacht ist, aus dem der
entscheidende Augenblick Helden formt. Kein Volk und keine Elite
darf die Hände in den Schoß legen und darauf hoffen, dass im Ernst-
fall, im ernstesten Falle, genügend Helden zur Stelle sein werden.

England gegen Kanada. Winterolympiade 1936

Matthias hatte für seine zwei Mark natürlich keine Eintrittskarten bekommen. Und während abends die kanadische und die englische Mannschaft auf Schlittschuhen über die strahlend beleuchtete Eisfläche jagten, während das Publikum vor Begeisterung tobte und schrie, standen draußen vorm Stadion zwei Jungen, froren bis auf die Knochen, kauten trockene Semmeln und lauschten auf den Lärm, der zu ihnen herausdrang.

Matthias war wütend.

»Junge Hunde könnte man kriegen«, knurrte er verbiestert. »Ich werde mal fragen, wie der Kampf steht.« Er stapfte zu dem Pförtner hinüber und erkundigte sich. Dieser Portier war leider ein wortkarger Mann. Das Einzige, was er sagte, war: »Kleine Kinder gehören um diese Zeit ins Bett.«

Matz schaute sich suchend um. »Wo sind denn hier kleine Kinder?« Er warf sich stolz in die Brust und blickte den Mann herausfordernd an. Eigentlich wollte der Portier etwas ziemlich Herzhaftes antworten. Doch er hatte anderes zu tun. Er hob die Hand grüßend zur Mütze und sagte: »Gute Nacht, meine Herrschaften.«

Es kamen nämlich eine alte Dame und ein alter, vornübergeneigter Herr langsam die Treppe herunter. Der Herr trug zwei dicke Kamelhaardecken. Dann stürzte ein Chauffeur herbei, nahm die Decken und bot der alten Dame hilfreich seinen Arm.

»Es wurde mir zu kalt, Friedrich«, meinte sie.

»Es ist ein besonders strenger Winter, Frau Gräfin«, erwiderte der Chauffeur zuvorkommend.

Matthias zog seine Mütze. »Verzeihung, Frau Gräfin. Können Sie mir sagen, wie das Spiel steht?«

Die alte Dame blickte ihn neugierig an. Dann lächelte sie. »Ich verstehe nicht viel von Sport, mein Junge. Aber ich glaube, jede Mannschaft hat ein Tor geschossen.«

»Donnerwetter noch mal!« Matthias' Augen blitzten. »Diese Engländer! Das ist ja kolossal, Frau Gräfin!«

Mittlerweile war der alte Herr herangekommen. Sie standen vor einem großen, grauen Wagen. Der Chauffeur öffnete den Schlag. Die Gräfin stieg ein, und ihr Mann setzte schon einen Fuß aufs Trittbrett. Da holte Matz sehr tief Atem, und dann sagte er zögernd: »Herr Graf, haben Sie Ihre Eintrittskarten schon weggeworfen?«

Der alte Herr vergaß einzusteigen. »Warum denn?«

»Mein Freund dort drüben und ich, wir haben keinen Platz bekommen. Und wenn Sie Ihre Karten noch nicht fortgeworfen haben, könnten wir uns doch eigentlich auf Ihre Plätze setzen. Nicht? Wir stehen nun schon so lange vorm Stadion!«

Der alte Herr sagte: »Aha!« Dann winkte er dem Portier.

Der kam im Galopp durch den dicken Schnee gefegt. »Bringen Sie die beiden Jungen auf unsere Plätze«, befahl der Graf. »Verstanden?« Dann stieg er ins Auto.

Die Plätze waren Ehrenplätze. In der allerersten Reihe. Direkt hinter dem einen Tor.

Matthias und Uli saßen anfangs völlig verzaubert in den beiden Sesseln und konnten während der ersten Minuten vor lauter

Glück überhaupt nichts erkennen. Uli vergaß sogar, dass ihn fror. Vor ihnen auf der von schwarzen Menschenmassen umgebenen Eisfläche jagten die Hockeyspieler auf Schlittschuhen hin und her und schwangen die gebogenen Schlaghölzer. Zwei Spieler prallten gegeneinander. Der eine fiel um und blieb regungslos liegen. Man trug ihn weg. Ein Ersatzmann sprang ein. Der Kampf tobte weiter. Die kleine schwarze Hartgummischeibe sauste übers Eis. Manchmal flog sie hoch durch die Luft. Die Spieler rasten gebückt hinterdrein. Es war ein herrlicher Tumult. Man versäumte beinahe das Atemholen.

Matthias ächzte vor Begeisterung. Plötzlich packte er Uli am Arm und rief: »Das ist er!«

»Wer ist was?«

»Der Engländer, der mit mir boxen wollte!«

Tatsächlich, jener junge Mann, der Matz am Nachmittag die Mütze über die Augen gezogen hatte, war einer der englischen Stürmer. Er ging drauf wie Blücher.

Matz schlug sich begeistert auf die Schenkel. »Mensch, diese Vorlage! Der hat den Bogen raus!«

Auch Uli war hingerissen. Das Klirren und Knirschen der Schlittschuhe, das Gegeneinanderprallen der Stöcke, das wirbelnde Auf und Ab des Kampfes, die spannenden Momente vor den Toren, die stürzenden und sich wieder erhebenden Spieler, das alles war so wunderbar, dass die zwei Jungen auf ihren vornehmen Plätzen nicht wussten, wo ihnen vor lauter Wonne der Kopf stand. Manchmal, wenn der Puck, die kleine schwarze Scheibe, gegen eins der Tore schnellte, warf sich der Tormann darüber. Die Verteidiger und die heranbrausenden Gegner prallten zusammen und stürzten. Der Torhüter schleuderte den Puck in die Mitte der Eisfläche zurück. Die Spieler erhoben sich hastig und flitzten hinter ihm her wie die wilde Jagd. Das Publikum fieberte. Der Lärm drang bis in die fernen Berge und kam als Echo wieder. Trotz aller Aufregungen und Mühen verlief das zweite Drittel torlos. Noch immer stand das Spiel 1:1. Und auch das dritte und letzte Drittel schien ohne entscheidenden Erfolg verlaufen zu wollen.

»Dann kommt eine Verlängerung«, erklärte Matthias. »Unentschieden gibt's nicht!«

»Fein!«, rief Uli. Er hatte knallrote Backen und rutschte in seinem Sessel hin und her, als säße er auf einer glühenden Herdplatte. Die Zeiger der Stadionuhr bewegten sich unaufhaltsam. Und der erbitterte Kampf tobte immer weiter.

»Wie in der Ilias«, behauptete Matthias. »Uli, mein Engländer macht einen Durchbruch!« Er sprang vor Erregung auf.

Doch der Durchbruch misslang. Ein Kanadier schob Matthias' Engländer gegen die Bande, dass es nur so krachte. Beide schlugen lang hin. Beide sprangen wieder auf, schwangen ihre Hölzer und rasten davon.

»In einer Minute ist das dritte Drittel zu Ende«, sagte Matz heiser.

»Dann kommt die Verlängerung?«

»Ja.«

»Und wenn's auch dann unentschieden bleibt?«

»Dann gibt's noch eine Verlängerung.«

»Oje«, meinte Uli. »Das kann ja lange dauern!«

In diesem Augenblick schoss einer der Engländer die Scheibe

mit voller Wucht gegen das kanadische Tor. Der Torwächter hielt den Schuss. Die Scheibe sprang ins Feld zurück. Matzens Engländer erwischte sie, holte mit dem Schläger aus und knallte die Scheibe ins gegnerische Tor. Drin war sie: 2:1 für England! »Hurra!«, brüllte Matz. Doch er hörte seine eigene Stimme nicht mehr. Der Lärm, der jetzt ausbrach, war unbeschreiblich. Er glich am ehesten einer Dynamitexplosion. Die Kanadier, die unschlagbaren Weltmeister im Eishockey, waren besiegt worden. England hatte sie geschlagen. Das heißt: Matzens Engländer hatte sie geschlagen. Er allein. Jimmy hieß er.

Und »Jimmy!« schrie das ganze Stadion. Man hob Jimmy auf die Schultern.

Matthias sah Uli an, als habe er selber das Tor geschossen. Und Uli fand das völlig in Ordnung.

Der Preisboxer

Vermutlich kennt ihr solche Knaben,
die (wenn sie kleine Kinder sehn)
die grässliche Gewohnheit haben,
mit Fäusten auf sie loszugehn.

Dann boxen sie wie Titelhalter
die kleinen Kerls zu Kuchenteig.
Doch zeigt sich wer in ihrem Alter,
so kneifen sie. Denn sie sind feig.

Der Adolf war ein solcher Kunde.
Und trat er tückisch aus dem Haus,
so rissen in der ganzen Runde
die kleinen Kinder alle aus.

Er stieß. Er zog sie an den Haaren.
Es war ihm gleich, wohin er traf.
Zu denen, welche größer waren,
benahm er sich hingegen brav.

Da zogen Leute namens Bock
im Haus von Adolfs Eltern ein.
Sie zogen in den dritten Stock.
Ihr Sohn hieß Fritz und war noch klein.

Bereits am nächsten Tag erhielt
der Fritz von Adolf seine Schläge.
Er hatte still für sich gespielt.
Doch Adolf rief: »Geh aus dem Wege!«

Nun kamen, von dem Krach beflügelt,
die Kinder aus der Gegend an.
Sie wollten sehn, wie Adolf prügelt
und was der Fritz vertragen kann.

Er schlug, sosehr es ihm behagte,
und fand an diesem Sport Genuss,
bis Fritz den Rock auszog und sagte:
»Nun aber Schluss!«

Er gab dem Adolf eins vors Kinn
und rief: »Das war ein Uppercut!«
Der Adolf fiel beinahe hin
und wünschte sich nach Haus ins Bett.

Dann schlug Fritz Haken rechts und links
und gab ihm einen Magenstoß.
Die kleinen Kinder staunten rings.
Und schließlich brach der Jubel los.

Was half dem Adolf seine Länge?
Er sank fast um und weinte laut.
Zum Schluss erklärte Fritz der Menge:
»Passt auf! Jetzt schlag ich ihn knock out.«

Er drehte sich herum, als ging er.
Doch plötzlich, scheinbar ohne Ziel,
gab er dem Großen einen Schwinger,
dass Adolf steif zu Boden fiel!

Da lag er wie vom Blitz getroffen
und hielt die Augen zugepresst.
Und Fritzchen sprach: »Es steht zu hoffen,
dass er euch jetzt in Ruhe lässt.«

»The three Byrons«

Gustav schwamm am schnellsten. Und als Erster kletterte er auf das große Sonnenbrett, das draußen verankert lag und auf dem sich die Schwimmer ausruhten. Pony und Emil schwammen gleich schnell und halfen einander beim »Landen«. Dienstag und der Professor kamen wesentlich später.

»Wie macht ihr das bloß?«, fragte Dienstag, als er neben den Freunden auf den Planken saß. »Warum schwimmt ihr denn schneller als Theo und ich?« Der Professor lachte. »Mach dir nichts draus. Wir sind eben Geistesarbeiter.«

Gustav sagte: »Mit dem Kopf hat das nur insofern zu tun, als ihr ihn zu hoch übers Wasser haltet. Ihr müsst kraulen lernen!« Er ließ sich von der Planke herunterrollen, plumpste in die Ostsee und zeigte ihnen, wie man krault.

Pony fragte ihn: »Was verlangst du für die Stunde?«

Er holte tief Atem, tauchte lange, kam prustend wieder zum Vorschein und meinte: »Sechzig Minuten!«

Dann schwammen sie alle wieder zurück. Gustav kraulte ihnen etwas vor. Sie versuchten, es nachzumachen. Dabei stieß der Professor mit einem Herrn zusammen, der sich auf den Rücken gelegt hatte und gemächlich hinausschwamm. »Pass besser auf!«, rief der Herr. »Wo hast du denn deine Augen?«

»Unter Wasser«, antwortete der Junge und kraulte wie eine Schiffsschraube hinter den Freunden her.

Die waren schon im Gebiet für Nichtschwimmer angekommen und standen vor einer riesigen Zahnpastatube aus Gummi. (Es handelte sich um eine Reklame.) Alle versuchten hinaufzuklettern. Aber kaum war man oben, drehte sich die Tube, und man purzelte ins Wasser zurück. Das Geschrei war groß.

Die Freunde blickten zum Strand hinüber. Dort standen Turngeräte. Am Hochreck schwebte ein Mann, machte eine Schwungstemme, eine Welle vorwärts, schloss, im Vorwärtsschwingen, eine großartige Riesenfelge an, steckte plötzlich die Beine zwischen den Armen durch und kam mithilfe einer Kippe oben auf der Stange in den Sitz. Dann machte er eine Sitzwelle rückwärts, breitete beide Arme aus, schwang nach vorne, ließ das Reck auch mit den Knien los, schwebte durch die Luft, sprang in den Sand und beendete die Übung mit einer eleganten Kniebeuge.

»Donnerwetter!«, sagte Gustav. »Das kann nicht einmal ich!«

Als der Turner beiseite gegangen war, stellten sich zwei kleine Jungen unter das Reck. Sie sprangen hoch, hingen still, holten Schwung und wiederholten beide gleichzeitig und nebeneinander dieselbe schwierige Übung, die der Mann vorgeführt hatte. Als sie zum Schluss aus dem Kniehang graziös in die Luft schwebten und die Übung mit eleganten Kniebeugen im Sand beendeten, klatschte das ganze Familienbad Beifall.

»Ich werde verrückt«, behauptete Gustav. »So etwas habe ich, noch dazu von solchen Knirpsen, noch nie gesehen!«

Ein Junge, der neben ihnen im Wasser stand, sagte: »Das sind die ›Three Byrons‹. Eine Artistenfamilie. Ein Vater mit Zwillingen. Abends treten sie im Strandhotel auf.«

»Das müssen wir uns mal ansehen«, erklärte Pony Hütchen.

»Das Programm beginnt abends acht Uhr«, berichtete der fremde Junge. »Die anderen Nummern sind auch Weltklasse. Ich kann das Programm dringend empfehlen.«

»Kriegt man bestimmt Platz?«, fragte Dienstag.

»Ich kann euch ja einen Tisch reservieren«, meinte der Junge.

»Bist du auch ein Akrobat?«, fragte Emil.

Der andere schüttelte den Kopf. »Nein. Ich kann zwar auch gut turnen. Aber von Beruf bin ich der Piccolo vom Strandhotel.« […]

Endlich kam die Glanznummer des Abends, »The three Byrons«!

Was Mister Byron mit seinen beiden Zwillingen zuwege brachte, war geradezu unfassbar. Die Zuschauer saßen steif auf ihren Stühlen und wagten kaum zu atmen. Am großartigsten wurde es, als sich Mister Byron rücklings auf ein Taburett legte und die Arme hochreckte. Jackie Byron, der größere Zwilling, machte in der rechten Handfläche seines Vaters den Kopfstand und Mackie Byron in der linken Hand. Erst hielten sie sich noch mit ihren Händen an Mister Byrons Armen fest. Aber dann ließen sie seine Arme los und legten ihre Hände stramm an die Hosennaht! So standen sie auf dem Kopf, wie kleine umgekehrte Soldaten.

Hinterher sprangen sie wieder auf die Füße und lächelten, als sei gar nichts gewesen.

Mister Byron blieb auf seinem Taburett liegen, zog die Knie an den Leib und streckte die Füße hoch. Mackie legte sich bäuchlings auf die väterlichen Fußsohlen. Mister Byron bewegte jetzt die Füße, fast wie ein Radfahrer, und Mackie drehte sich auf den Sohlen seines

Vaters um die eigene Längsachse wie eine rasende Spindel. Dann flog er plötzlich in die Luft, wirbelte um sich selber, fiel wieder auf Byrons Füße, wurde wieder hochgeworfen, drehte sich in der Luft um neunzig Grad und fiel – nein, er fiel nicht, sondern stand auf einmal mit seinen Füßen auf den Füßen Mister Byrons!

Klotilde meinte mit zitternder Stimme: »Ich kann gar nicht mehr hinsehen.«

Aber Emil, Gustav und der Professor waren hingerissen.

»Schade, dass der kleine Dienstag nicht mit ist«, sagte Gustav.

Dann legte sich Jackie Byron, der eine Zwilling, aufs Taburett, streckte die Arme hoch, ergriff die Hände seines Vaters, und dann machte dieser große, schwere Athlet auf Jackies hochgestreckten Armen einen Handstand!

»Dass dem Jackie nicht die Knochen brechen, ist mir rätselhaft«, flüsterte Emil.

Gustav nickte. »Dass da nichts passiert, spricht gegen sämtliche physikalischen Gesetze.«

Als die drei Byrons mit ihren Künsten zu Ende waren, brach ein unerhörter Beifall los. Die Korlsbüttler Einwohner, die vor dem Hotel standen und durch die Vorhangspalte blickten, klatschten so lange, bis die Fledermäuse aufgeregt umherflatterten. Der Bühnenvorhang musste zwölfmal aufgezogen werden.

Jackie, der Ex-Artist

Der Kapitän machte sich auf den Weg, um mit Jackie zu reden. Jackie war nicht im Hotel, sondern auf dem Tennisplatz. Der Kapitän pilgerte also vom Hotel zum Tennisplatz. Dort traf er den kleinen Artisten. Er las für die Spieler Bälle auf. Als er den Kapitän sah, rief er vergnügt: »Ahoi, Käpten!«

»Ahoi!«, erwiderte der alte Herr Schmauch. »Kann ich dich mal einen Moment sprechen?«

Jackie warf einem der Tennisspieler zwei Bälle zu, las drei, die am Gitter lagen, auf und meinte: »Im Moment leider ganz ausgeschlossen, Käpten. Ich arbeite hier, wie Sie sehen. Pro Stunde krieg ich fünfzig Pfennige. Man muss doch leben, nicht? Ich kann das Herumfaulenzen außerdem nicht leiden.«

»Aha«, sagte der Kapitän. »Wann bist du denn mit Arbeiten fertig?«

»In einer knappen Stunde. Falls man mich dann nicht mehr braucht.«

»Dann komm doch in einer knappen Stunde zu mir. Falls man dich dann nicht mehr braucht.«

»Mach ich, Käpten!«, rief Jackie. »Ahoi!« Dann warf er einem der Spieler wieder zwei Bälle zu.

»Ahoi, mein Junge«, erwiderte der Kapitän und trottete heimwärts. […]

Zum Mittagessen tauchte Jackie auf. Der Braten schmeckte, trotz Klotildes ehrlicher Trauer, recht gut. Sie aßen andächtig. Die Großmutter brachte das Gespräch auf die Geldsammlung und fragte Jackie, wie er darüber dächte.

»Ich freue mich kolossal darüber, Frau Großmutter«, meinte er. »Vor allem, weil es so freundlich von den Jungens ist. Aber auch sonst. Geld kann man immer brauchen. Der Käpten ist ganz meiner Meinung. – Sehen Sie, heute Vormittag hab ich drei Stunden lang Tennisbälle gesammelt. Das ist auch 'ne Art Geldsammlung. Mit dem Trinkgeld machte es eine Mark achtzig. Heute Nachmittag arbeite ich noch einmal zwei Stunden. Das ist wieder eine Mark. Wenn Sie sich die Mühe machen und das auf 'nen Monat umrechnen, werden Sie merken, dass ich mir glatt ein möbliertes Zimmer mit voller Pension leisten könnte. Vielleicht sogar mit Balkon.«

Sie lachten alle.

»Na ja«, sagte er. »Hab ich nicht recht? Gestern hab ich auf dem Tennisplatz nur so aus Drall ein paar Saltos aus dem Stand gemacht. Da waren die Spieler so platt, dass mir der eine vor Schreck einen alten Tennisschläger geschenkt hat. Falls mir dieser Sport liegt, kann ich ja später einmal Tennislehrer werden. Dann pachte ich ein paar Plätze, gebe Unterricht und gewinne eines Tages die deutsche Meisterschaft. Dann fahre ich nach Paris und Amerika und werde vielleicht Weltmeister. Oder wenigstens Zweitbester. Na, und dann borge ich mir Geld und eröffne eine Fabrik für Tennisschläger und für Tennissachen überhaupt. Und weil mein Name bekannt ist, kaufen viele Leute das Zeug. Pachulke werde ich mich natürlich nicht nennen. Mit so einem Namen kann man nicht Weltmeister werden.

Aber ich habe auch schon einmal Byron geheißen. Auf einen Namen mehr oder weniger kommt's nicht mehr an.« Er beugte sich über den Teller und aß tüchtig.

»Um den ist mir nicht bange«, erklärte die Großmutter.

»Mir auch nicht«, sagte Jackie. »Es gibt eine Menge Berufe für einen Artisten, der zu schnell gewachsen ist!«

Nachmittags legten an der Brücke nacheinander zwei Dampfer an. Der eine kam aus den westlich gelegenen Seebädern herüber. Der andre kam von Osten. Aus diesen beiden Dampfern drängten Hunderte von Kindern und überschwemmten Korlsbüttel mit Wogen von Geschrei und Gelächter. Am wildesten war das Gewimmel und Getümmel vor den »Leuchtturm-Lichtspielen«. (Die Kassiererin war noch zwei Tage danach krank davon.)

Punkt vier Uhr begann die erste Vorstellung, in welcher der Film »Emil und die Detektive« gezeigt werden sollte. Herr Bartelmann, der Besitzer des Kinos, blickte in den überfüllten Raum. Vorm Haus standen Scharen von Kindern, die auf die zweite Vorstellung warteten. Herrn Bartelmann tat es in der Seele weh, dass die Tageseinnahmen nicht ihm gehörten. Na, das ließ sich nun nicht ändern! Er ging zu den Detektiven, die sich in seinem Büro versammelt hatten, und gab ihnen genaue Anweisungen.

»Brrr!«, sagte Emil. »Jetzt wird's ernst.«

Und Gustav meinte: »Lache, Bajazzo! Wenn's Herz auch bricht.«

Als das Beiprogramm vorüber war, schloss sich der Vorhang vor der Leinwand. Es wurde Licht. Der Vorhang öffnete sich wieder.

Und nun standen vier Jungen und ein Mädchen auf der Bühne!

Die Kinder im Zuschauerraum stellten sich auf die Sitze. Dann wurde es langsam stiller und endlich ganz still.

Emil trat an die Rampe und sagte mit lauter Stimme: »Meine Freunde, meine Cousine und ich danken euch, dass ihr hierher gekommen seid. Und wir danken euch, dass ihr für Jackie Geld gesammelt habt. Er ist ein patenter Kerl. Sonst hätten wir euch ja auch nicht um euren Beistand gebeten. Nach der Vorstellung wird er sich persönlich bei euch bedanken. Und jetzt wollen wir uns miteinander den Film ansehen. Hoffentlich ist er schön.«

Ein ganz kleiner Junge, der seiner Mutter auf dem Schoße saß, rief aus dem Zuschauerraum mit piepsiger Stimme: »Bist du der Emil?«

Die Kinder lachten.

»Jawohl«, sagte Emil. »Ich bin Emil Tischbein.«

Pony trat stolz neben ihn und knickste. »Ich bin Pony Hütchen, Emils Cousine.«

Dann trat der Professor vor. »Ich bin der Professor.« Seine Stimme klang etwas zittrig.

Dienstag machte einen tiefen Bückling. »Ich bin der kleine Dienstag.«

Zum Schluss kam Gustav an die Reihe. »Ich bin Gustav mit der Hupe. Aber jetzt hab ich ein Motorrad.« Er machte eine kleine Pause. »Na, ihr Feuertüten!«, rief er dann. »Seid ihr alle da?«

»Ja!«, brüllten die Kinder.

Gustav lachte. »Und wie heißt die Parole?«

Da schrien alle, dass man's bis an den Bahnhof hören konnte: »Parole Emil!«

Vorm Kino ging ein Pferd durch. So laut brüllten die Kinder! Dann wurde es dunkel und der Vorführungsapparat begann zu surren.

Als der Film zu Ende war, klatschten die Zuschauer minutenlang Beifall. Dann wurde es hell. Ein Mädchen, das neben Pony saß, sagte: »Du hast dich aber seitdem enorm verändert!«

Pony meinte: »Das Mädchen im Film bin ja gar nicht ich! Die spielt mich doch nur!«

»Ach so. Und der Film-Emil und der richtige Emil, der neben dir sitzt, sind auch nicht dieselben?«

»Nein«, erwiderte Pony. »Der richtige Emil ist mein Vetter. Und den Film-Emil kenne ich überhaupt nicht persönlich. Nun sei aber still. Es geht weiter!«

Jackie kam auf die Bühne. Er trat an die Rampe und sagte: »Ihr habt für einen Jungen Geld gesammelt. Der Junge bin ich. Herzlichen Dank allerseits! Ich finde das großartig von euch. Wenn ich später mal ein reicher Mann bin und es geht dann einem von euch dreckig, soll er sich bei mir melden. Aber nicht vergessen!«

Dann kam Gustav auf die Bühne. Er sagte zu Jackie: »Im Auftrage meiner Freunde und der anderen Korlsbüttler Kinder überreiche ich dir das Resultat der hiesigen Sammlung. Es ist ein Sparkassenbuch mit fünfundsiebzig Mark.«

Jackie schüttelte seinem Freunde die Hand.

Unten im Zuschauerraum meinte der Professor zu Dienstag: »Das also war Gustavs Idee!«

Dienstag fragte: »Findest du sie schlecht?«

»Ausgezeichnet ist sie!«, erklärte der Professor. »Ganz ausgezeichnet!«

Gustav rief von der Bühne herunter: »Und nun bitte ich die Vertreter der anderen Bäder, heraufzukommen.«

Unten entstand ein wildes Gedränge.

Endlich standen sieben weitere Jungen auf der Bühne. Einer aus Ahrenshoop, einer aus Brunshaupten, einer aus Heiligendamm, einer aus Warnemünde, einer aus Heidekrug, einer aus Graal und einer aus Müritz. Und jeder überreichte ein Sparkassenbuch! Jackie hatte Tränen in den Augen, obwohl er eigentlich gar nicht rührselig veranlagt war.

Gustav blätterte eifrig in den Sparkassenbüchern. Und als die sieben Delegierten wieder von der Bühne geklettert waren, rief er: »Die Gesamtsumme beläuft sich auf sechshundertfünfzehn Mark. Außerdem kriegt Jackie die heutigen Kino-Einnahmen. Jackie, ich gratuliere dir zu deinem Vermögen. Möge es dir zum Schmerbauch gedeihen!«

Gustav verschwand hinter der Bühne.

»Das habe ich nicht erwartet!«, sagte Jackie. »Da brauche ich ja einen Bankier!« Er zog die Jacke aus. »Mein alter Freund, der Käpten Schmauch, hat mir geraten, euch etwas vorzuturnen. Gewissermaßen als Erkenntlichkeit. Nun bin ich zwar gewöhnt, mit einem Untermann zu arbeiten. Aber ein bisschen was kann ich auch alleine.« Er warf die Jacke hinter die Bühne und ging in den Handstand. Dann beugte er die Arme, bis er im Ellbogenstütz war. Dann drückte er die Arme wieder durch und spazierte von der einen Seite der Bühne auf die andere. Immer auf den Händen.

Die Zuschauer applaudierten.

Jackie sprang wieder auf die Füße. Dann schlug er Rad. Dann

machte er Spagat. Und dann die Brücke. Dann machte er, unter Zuhilfenahme beider Hände, einen Überschlag vorwärts. Noch einen. Noch einen. Dann nur mit einer Hand. Immer wieder. Quer über die ganze Bühne.

Und als Abschluss zeigte er einen Salto. Dann noch einen. Noch einen. Und noch einen. Schneller. Immer schneller. Bald waren die Beine oben. Bald der Kopf. Er wirbelte wie ein kleines Glücksrad durch die Luft!

Die Kinder johlten, jubelten und klatschten sich die Hände rot. Auch die Erwachsenen waren hingerissen.

Dann rauschte der Vorhang zu. Schon drängten die Kinder, die zur zweiten Vorstellung wollten, in den Saal. Es war ein Gewurstel und ein Krach wie in einem Hexenkessel.

»Der Salto hat mir gut gefallen«, sagte die Großmutter zu Emil. »Den muss ich morgen mal üben.«

Am Abend legten die zwei Küstendampfer wieder an der Brücke an. Die Kinder aus den sieben Nachbarbädern stürmten an Bord. Die Eltern und Kinderfräulein wurden wie von Strudeln mitgerissen.

Die Dampfer läuteten zur Abfahrt. Ein paar Nachzügler kamen schreiend und winkend dahergestolpert und polterten an Deck. Dann seilte der Brückenwärter die Dampfer los. Sie schaukelten. Die Schrauben schaufelten Wasser. Die Motoren arbeiteten. Hunderte von Taschentüchern wurden geschwenkt. (Manche Tücher waren nicht mehr ganz sauber. Aber es war ja schon ziemlich dunkel.)

»Parole Emil!«, brüllten die Kinder auf dem Schiff, das nach Westen fuhr. »Parole Emil!«, schrien die Kinder auf dem Dampfer, der nach Osten fuhr.

Und »Parole Emil!«, brüllten die Korlsbüttler Kinder, die auf der Brücke standen.

»Das war der schönste Tag meines Lebens!«, sagte Fräulein Klotilde Seelenbinder.

Drüben auf den Dampfern wurden bunte Lampions angezündet. Der eine fuhr nach links. Der andre nach rechts. Emil und die Detektive standen am Brückenkopf und blickten schweigend hinter den Schiffen her.

Gustav räusperte sich. Dann legte er seine Arme um die drei Jungen, die vor ihm standen, und sagte: »Wir wollen Freunde bleiben. Bis uns die Vollbärte durch den Tisch wachsen.« Die andern sagten nichts. Aber sie waren derselben Meinung.

Da kam Jackie angaloppiert. »Hier seid ihr!«, meinte er befriedigt. »Ich habe euch schon überall gesucht.« Er trat zu ihnen. »An den Tag werde ich denken«, sagte er selbstvergessen. »So viel Geld auf einem Haufen gibt's ja gar nicht.«

»Wo hast du denn deine acht Sparkassenbücher?«, fragte Dienstag.

»Ich hab sie dem Bartelmann zum Wegschließen gegeben. Er hat in seinem Kinobüro einen feuersicheren Geldschrank. Was sagt ihr dazu? Er hat mir einen Antrag gemacht! Ich soll in seinem Kino als artistische Bühnenschau auftreten. Zunächst mal eine Woche lang.«

»Was will er zahlen?«, fragte der Professor sachlich.

»Fünf Mark täglich. Ohne Abzüge.«

Die Detektive freuten sich.

»Und die heutigen Einnahmen, die ihr mir herausgeholt habt, betragen ungefähr zweihundertfünfzig Mark. Genau weiß er's noch nicht. Aber so zirka!« Jackie lachte leise. »Ich glaub's noch gar nicht. Wenn das so weitergeht, kauf ich mir nächste Woche eine Villa mit Warmwasserbeleuchtung.«

Draußen in der Ostsee schwammen zwei kleine illuminierte Dampfer. Das Meer rauschte. Am Strand überschlugen sich die Wellen. Der weiße Schaum glänzte in der Dunkelheit.

»Herrschaften«, sagte Kapitän Schmauch. »Ich habe unserm Piccolo fest versprechen müssen, dass wir noch ins Hotel kommen. Er hat den ganzen Tag strammen Dienst gehabt. Nicht einmal den Film hat er gesehen.«

Man beschloss also, auf einen Sprung ins Strandhotel zu gehen. »Es sind ja Ferien«, meinte Frau Haberland und hakte sich beim Justizrat unter.

Sie gingen alle über die Brücke. Der Kapitän und Jackie marschierten voraneweg. »Ich möchte dir einen Vorschlag machen«, sagte Kapitän Schmauch.

»Worum handelt sich's denn, Käpten?«

»Mein Haus ist zwar klein«, erklärte der Mann. »Aber für mich allein ist es ein bisschen zu groß.«

»Vermieten Sie doch ein Zimmer!«, rief Jackie.

»Das möchte ich ja«, sagte der Kapitän. »Wie lange willst du denn in Korlsbüttel bleiben?«

»Bis die Tennisplätze geschlossen werden. So lange bleibe ich hier als Balljunge. Und wenn die Hauptsaison vorbei ist, gibt mir der Trainer täglich eine Stunde Unterricht. Ganz billig. Vielleicht umsonst.«

»Wenn du Lust hast, kannst du zu mir ziehen«, sagte der Kapitän.

»Mach ich, Käpten! Wie viel verlangen Sie Miete?«

Herr Schmauch knuffte Jackie. »Mach keine faulen Witze! Du tust mir ja nur einen Gefallen.«

»Fein«, sagte der Junge. »Danke schön, Käpten. Und abends spielen wir in der Veranda Schwarzen Peter oder Schafkopf.«

Der Kapitän freute sich mächtig.

Dann fragte Jackie: »Brauchen Sie übrigens Geld? Ich bin jetzt vermögend. Ich könnte, wenn ich noch ein paar Wochen spare, tausend Mark in Ihr Geschäft stecken. Was sollen die Moneten auf der Sparkasse, nicht?«

»Gut«, sagte der Kapitän. »Können wir machen. Du wirst mein stiller Teilhaber. Unter einer Bedingung! Du musst jeden Sommer bei mir in Korlsbüttel wohnen.«

»Topp!«, rief Jackie. »Und wenn ich fürs Tennis kein Talent haben sollte, trete ich in unserm Geschäft als Schiffsjunge ein!«

»Das soll ein Wort sein!«, meinte Kapitän Schmauch. »Hoffentlich hast du kein Talent zum Tennis.«

Sie lachten und traten ins Hotel.

Münchhausen reitet

Im gleichen Feldzug belagerten wir eine Stadt – ich habe vor lauter Belagerungen vergessen, welche Stadt es war –, und Marschall Münnich hätte gerne gewusst, wie es in der Festung stünde. Aber es war unmöglich, durch all die Vorposten, Gräben und spanischen Reiter hineinzugelangen.

Vor lauter Mut und Diensteifer, und eigentlich etwas voreilig, stellte ich mich neben eine unserer größten Kanonen, die in die Stadt hineinschossen, und als sie wieder abgefeuert wurde, sprang ich im Hui auf die aus dem Rohr herauszischende Kugel! Ich wollte mitsamt der Kugel in die Festung hineinfliegen! Während des sausenden Flugs wuchsen allerdings meine Bedenken. Hinein kommst du leicht, dachte ich, aber wie kommst du wieder heraus? Man wird dich in deiner Uniform als Feind erkennen und an den nächsten Galgen hängen!

Diese Überlegungen machten mir sehr zu schaffen. Und als eine türkische Kanonenkugel, die auf unser Feldlager gemünzt war, an mir vorüberflog, schwang ich mich auf sie hinüber und kam, wenn auch unverrichteter Sache, so doch gesund und munter wieder bei meinen Husaren an.

Im Springen über Zäune, Mauern und Gräben war mein Pferd nicht zu schlagen. Hindernisse gab es für uns nicht. Wir ritten immer den geradesten Weg. Als ich einmal einen Hasen verfolgte, der quer über die Heerstraße lief, fuhr zwischen ihm und mir dummerweise eine Kutsche mit zwei schönen Damen vorüber. Da die Kutschenfenster heruntergelassen waren und ich den Hasen nicht aufgeben wollte, sprang ich samt dem Gaul kurz entschlossen durch die Kutsche hindurch! Das ging so schnell, dass ich mit knapper Mühe und Not die Zeit fand, den Hut zu ziehen und die Damen um Entschuldigung zu bitten.

Ein anderes Mal wollte ich mit meinem Litauer über einen Sumpf springen. Bevor ich sprang, fand ich ihn lange nicht so breit wie während des Sprungs. Nun, wir wendeten mitten in der Luft um und landeten mit heiler Haut auf dem Trocknen. Aber auch beim zweiten Anlauf sprangen wir zu kurz und sanken nicht weit vom andern Ufer bis an den Hals in den Morast! Und wir wären rettungslos umgekommen, wenn ich mich nicht, ohne mich lange zu besinnen, mit der eignen Hand am eignen Haarzopf aus dem Sumpf herausgezogen hätte! Und nicht nur mich, sondern auch mein Pferd! Es ist manchmal ganz nützlich, kräftige Muskeln zu besitzen.

Doppelfehler

Tennis erfordert bekanntlich restlose Konzentration. Man braucht nur den leisesten Nebengedanken zu haben, und schon spielt man unter jeder Form. Ich spielte demzufolge wie ein Weihnachtsmann, schlug die leichtesten Bälle ins Aus oder ins Netz, lieferte in einem einzigen Game nicht weniger als drei Doppelfehler und hatte mitunter nicht übel Lust, den Schläger hinter den Bällen herzuwerfen.

Als ich mich im dritten Satz endlich einzuspielen begann, setzte sich ein junger Mann auf die Bank vor dem Platz und schaute uns zu.

Ich wurde erneut nervös.

Er hatte einen kleinen Schnurrbart; und nach einem Halbvolley, der mir mit der Rückhand gelang, rief er: »Bravo!« Ich blickte ihn an und glaube nicht, dass der Blick übertrieben freundlich ausfiel. Er verbeugte sich leicht und sagte: »Pardon, mein Herr. Spielen Sie noch lange? Ich muss Sie unbedingt sprechen, habe aber sehr wenig Zeit.«

»Es steht vier beide im letzten Satz«, antwortete ich. »Ich bin bald zu Ihrer Verfügung.«

»Ausgezeichnet. Ich muss nämlich umgehend nach Salzburg zurück.«

Nach Salzburg zurück! Was konnte er von mir wollen? Ich verlor natürlich die beiden nächsten Spiele, gab dem Trainer die Hand und begab mich zu dem jungen Mann.

»Ich bin Konstanzes Bruder«, sagte er. »Ich bin hier, weil mich Konstanze so darum bat.«

Wunder der Natur?

Vor Jahrzehnten sah ich einmal eine ausgezeichnete Tanztruppe, die in einer ihrer Darbietungen das Vereinsturnen parodierte. Der Vorhang hob sich. Die Hände im Hüftstütz, hatte sich eine altmodische Riege entschlossener Männer und Frauen zu Freiübungen aufgestellt. Vor den Gesichtern trugen sie Fastnachtsmasken. Mit hochgewichsten Schnurrbärten, mit Mittelscheitel, Gretchenzöpfen und Apfelbäckchen. Als die Musik einsetzte, begannen sie schneidig mit Kniebeugen, Armspreizen, Auslagen, Rumpfbeugen und Ausfällen – und den Zuschauern blieb die Luft weg! Denn das bekannte Repertoire an Freiübungen spielte sich völlig verkehrt ab! Die Kniekehlen drückten sich nicht wie üblich, sondern nach hinten durch. Die Körper beugten sich nicht vorwärts, sondern rückwärts bis zur Erde. Die ausgestreckten Arme schwangen hinterrücks mit einer Vollendung, dass man meinte, sie müssten jeden Augenblick splittern und brechen. – Da machte, auf ein zackiges Kommando, die Riege linksum kehrt – und das Wunder der Natur war keines mehr. Das Rätsel war mit einem Schlage gelöst, und das Publikum brach in schallendes Gelächter aus. Die Turner trugen die Fastnachtsmasken nicht vorm Gesicht, sondern vorm Hinterkopf! Das nächste Kommando ertönte. Die Turner machten erneut kehrt, wendeten uns wieder ihre komischen Masken zu, und nun, als ins Geheimnis Eingeweihte, konnten wir die nur scheinbar absurden Verrenkungen erst richtig würdigen und feinschmeckerisch bekichern.

Catch as catch can

Die Halle, wo sonst in bunt gefälligem Wechsel Konzerte, Operetten- und Varietéabende stattfinden, war seit einer Woche bis auf den letzten Winkel ausverkauft. »Mindestens tausend Menschen haben wir wegschicken müssen«, sagte der Veranstalter, zur Hälfte stolz und halb verzweifelt. Er wickelte seit Tagen eine »Internationale Ringkampfkonkurrenz« ab, und heute standen nicht nur die üblichen fünf Paarungen im griechisch-römischen Stile zu erwarten – das wäre mitten im Winter, also in dieser von den Ringkämpfern bevorzugten Paarungszeit, höchstens Anlass für ein mäßig oder mittelmäßig besuchtes Haus gewesen –, nein, es war auch eine Begegnung im freien Stil angekündigt, ein Herausforderungskampf bis zur Entscheidung, und die Feinschmecker unter den Fachleuten prophezeiten uns Laien eine athletische Delikatesse.

Das Wort »Freistil« deckt sich nicht ganz mit dem Sachverhalt. Es wird zwar außerordentlich »frei« gekämpft. Aber von »Stil« ist dabei weniger die Rede. Die englische Floskel »Catch as catch can« trifft genauer. Übersetzt heißt das ungefähr so viel wie »Greif zu, wo's was zum Zugreifen gibt«. Die Herren Gegner dürfen nach Herzenslust greifen und packen, zwicken und zwacken, schlagen, strangulieren, reißen, biegen, dehnen und treten, was ihnen vom Körper des andern in die Finger, vor die Fäuste, zwischen die Hände, Arme und Beine oder auch vor den als Rammbock recht verwendbaren Kopf gerät. Eisenhämmer und Äxte dürfen sie allerdings nicht mitbringen, hier hat man ihrem Spieltrieb Grenzen gesetzt. Und dann ist noch etwas verboten, was dem Laien angesichts einer derartig gründlichen Holzerei als Bagatelle erscheinen könnte: Sie dürfen nicht an den Kopfhaaren ziehen. Der Ringrichter schaut, soweit seine eigene Existenz nicht gerade gefährdet ist, gelassen zu, wie der eine, mit lustbetonten Zügen, die Zehen des anderen verbiegt, oder wie dieser andere, gebückt und den Schädel vorneweg, in die Magengrube des einen hineinrast. Solche und ähnliche Divertissements findet der Herr mit der Trillerpfeife gesund, notwendig und angemessen. Doch kaum sucht einer den anderen am Schopf zu zupfen, springt er, empört trillernd, dazwischen, und der ertappte Übeltäter lässt auf der Stelle die Locke des Gegners fahren, der ihm, nun wieder ungestört, mit der Faust auf den Magen trommeln oder den Kopf abreißen darf. Spielregeln haben, übrigens nicht nur im Sport, ihre Geheimnisse. In manchen Fällen ist man versucht, dahinter nichts weiter zu vermuten als die kichernde Willkür der Regelstifter. Schreckliches gilt für erlaubt, Lappalien sind verboten, die Spielregeln werden befolgt, die Stifter lachen sich noch nach ihrem Ableben ins Fäustchen.

Doch wir kommen vom Freistilringen zu weit ab. Der Herausforderer war ein Herr aus München, untersetzt, älteren Jahrgangs und, sieht man von seinem Nussknackerkinn ab, ein freundlicher Kleinbürger und Familienvater. Der Herausgeforderte war ein junger Athlet, ein Herr aus Prag, ein Liebling der Frauen und, sieht man von seiner Stupsnase ab, ein schöner Mann. Der Ausgang schien wohl niemandem sonderlich zweifelhaft. Doch die erste Runde brachte die von beiden gesuchte Entscheidung noch nicht. Sie taten einander so recht von Herzen weh. Sie stöhnten abwechselnd, sie taten's im Duett. Oft genug war es dem Außenstehenden nicht mehr möglich, die verrenkten und ineinander verschlungenen Arm- und Beinpaare ordnungsgemäß auseinanderzuhalten. Bekam man gelegentlich ihrer beider verzerrte, gequälte Mienen zu Gesicht, so ging einem Lessings Traktat über die Laokoongruppe durch den Kopf. Dann wieder schrak man zusammen. So etwa, wenn der eine den Schädel des andern beim Wickel hatte, mit dem unbeschäftigten Arm weit ausholte und, den Körperschwung voll ausnutzend, dem Festgehaltenen mit der Faust ins Gesicht schlug. Der Erfolg war jedes Mal probat. Der Geschlagene fiel um oder torkelte benommen durch den Ring, bis ihn die im Viereck gespannten Seile aufhielten.

Im Verlauf eines solchen unheimlichen Fausthiebs fand der Kampf denn auch, in der zweiten Runde, sein überraschendes Ende. Der ältere Herr aus München befand sich, wie man es wohl nennt, auf der Verliererstraße. Er hatte den Gegner, dessen Haupt zwischen den Knien rollend, sehr verstimmt und anschließend einen der eben beschriebenen wütenden Faustschläge auf sein hierfür geradezu prädestiniertes Nussknackerkinn einstecken müssen. Er torkelte rückwärts. Die Seile hielten den Taumelnden auf. Der junge Herr aus Prag duckte sich wie ein Panther, um dem schwankenden, halb betäubten Familienvater, von der Mitte des Rings aus, Kopf vornweg, geradewegs in die Rippen zu springen. Er sprang, wuchtig und elegant, wirklich einem Raubtier gleichend, auf sein Ziel los; doch in einer Zehntelsekunde, eben während des Sprungs, fiel der Herr aus München, in einer Mischung aus Entkräftung und List, zu Boden, und der andere schoss, von keinem feindlichen Brustkorb aufgehalten, zwischen dem obersten und mittleren Seil hindurch aus dem Ring hinaus ins Ungewisse. Er fiel, wie sich später herausstellte, in die Gasse zwischen den Stuhlreihen, nicht in den Schoß der Schönen und schon gar nicht wie ein Panther. Mittlerweile erhob sich der andere, schaute sich suchend um, fand sich allein und ging, unterm Toben der Menge, gütlich lächelnd in seine Ecke. Der Schiedsrichter zählte ziemlich lange. Bei »Zehn« stand der Sieger fest. Bei »Sechzehn« tauchte der Kopf des Verlierers, ziemlich verblüfft, am Ring auf. Die Zuschauer tobten und jubelten noch bei »Sechsundneunzig«.

Die Gladiatorentragödie hatte ihr satirisches Nachspiel. Als wir aufstanden, um zu gehen, sagte hinter uns eine klägliche Stimme: »Endlich! Endlich komme ich hier heraus!« Wir sahen uns um. Die Stimme gehörte zu einer alten zerbrechlichen Dame, die der Verzweiflung nahe schien. »Warum gehen Sie denn auch zu einer solchen Viecherei«, fragte einer, »wenn Sie so schwache Nerven haben?« »Ach«, jammerte sie, »ich habe mich ja bloß im Datum geirrt! Mein Billett gilt eigentlich erst morgen!« »Was ist denn hier morgen los?« Sie blickte uns wie ein sterbendes Reh an. Dann flüsterte sie: »Philharmonisches Konzert.«

Rekord und Leistung

Über die Olympischen Spiele zu schreiben, weil man schreiben kann, und nicht deshalb, weil man mitreden könnte, ist ein missliches Vorhaben.

Ein einziges Mal habe ich die Olympischen Winter- und auch nur einmal die Sommerspiele erlebt. So gehöre ich einwandfrei zu den Laien und will gar nicht erst versuchen, mich mit angeschminkten Kenntnissen in den Kreis der Fachleute zu schmuggeln, sondern von dem Vorrecht des Laien, dem schönen Recht auf Ahnungslosigkeit, Gebrauch machen. Wer ahnungslos ist, ist unvoreingenommen, und Unvoreingenommenheit kann gelegentlich ihren Vorteil haben.

Woran erinnere ich mich noch, wenn ich an »meine« Spiele zurückdenke? An verschneite, flaggenumsäumte, von jungen Menschen und vielen Sprachen übervölkerte Dorfstraßen im Gebirge. An das mit Angst gemischte Hochgefühl, wenn sich ein dunkler Punkt von der Sprungschanze in den Himmel schwingt. An die schwerelose Grazie der Eisläufer während ihrer Kür. An ein von Zehntausenden brandend gefülltes, sommerliches Stadion. An die weißen, braunen und schwarzen Sprinter, die wie aus der Startpistole geschossen die Bahn entlang fliegen. An die Stabhochspringer und Diskuswerfer, die sich zu übertreffen und ihre Leistung zu steigern suchen, indessen die Asketen der Langstrecken, aufgezogen wie die Uhrwerke, dem fünf- oder zehntausendsten Meter weitgreifend entgegenlaufen. An die stolzen und an die bescheidenen Sieger auf ihren Podesten. An die Hymnen.

Habe ich nun, wenn ich mich an all dies erinnere, das Empfinden, es habe sich bei den Olympischen Spielen um ein alle vier Jahre stattfindendes internationales Sportfest mit besonders reichhaltigem Programm gehandelt? Oder war es *mehr*? Nicht nur eine Leistungsschau mit Medaillenregen und Rekordsegen? Mit Lautsprechern, Rundfunkreportern und Unterwasserkameras?

Auch als etwas skeptischer Zeitgenosse, ziemlich immun gegen Massensuggestion und meist bei einigermaßen klarem Verstande, muss ich sagen: Es war mehr! Mindestens in den schönsten Augenblicken. Angesichts nobler Sieger, beherrschter Verlierer, fairer, wenn auch bis zur Erschöpfung zielender Wettkämpfe, die den Sinn des Spiels nicht überspielten, wurde mir feierlich zumute.

Manchmal, beileibe nicht immer, erlebte ich den Athleten, wie Simonides, Pindars Zeitgenosse, sie Olympia wünschte: »An Händen und Füßen *und Geist* rechtwinklig und ohne Fehl gebaut.« Dann spürte ich, wie, abseits aller Kontinente, Staatsformen und Hautfarben, der schlechthin Beste in den Vordergrund und aufs Podium trat. Einer jener Menschen, deren die Jugend nicht entraten kann. Die »Verkörperung« dessen, was sie in aller Welt braucht: ein Vorbild. Ein Vor-Bild.

Denn die Laien und Liebhaber der olympischen Idee haben ja nicht Zahlen mit Dezimalstellen hinter einem Komma im Kopf und eines Tages in der Erinnerung, sondern Namen wie Nurmi, Harbig, Kolehmainen, Owens und Zatopek. Ihre Zeiten können verbessert werden, ihre Leistungen und ihr Wert als Vorbild aber nicht.

Die Dezimalstelle und die Leistung, die Zahl und das Vorbild sind grundverschiedene Dinge. Sie sind voneinander so verschieden, wie Sportfeste und die Olympischen Spiele es immer mehr werden sollten.

Sport Anno 1960

Meldungen vom Wettlauf durch die Lübecker Schweiz:
»Die Läufer trainieren täglich zehn Stunden.
Sie brauchen für 100 Meter zirka minus 14 Sekunden.
Die Spitzengruppe ist heute Morgen bereits
im Jahre 1920 verschwunden!«

Seit wann ist die Riesenwelle erblich?

Der Empfang fand am Parkplatz statt, nachdem die Gäste aus dem Auto gestiegen waren. Die Feuerwehrkapelle, lauter kleine Männer mit kleinen Instrumenten, spielte den Pichelsteiner Marsch. Der Jubel der Einwohner, so klein sie waren, war riesengroß. Alois Pichelsteiner, der Bürgermeister, hielt eine gewaltige Rede. Ferdinand Pichelsteiner, der Vorsitzende des Turnvereins, begrüßte Mäxchen als Ehrenmitglied. Mister Drinkwater überreichte dem Bürgermeister, als Dank für die Mitwirkung der Gemeinde am Film, einen Scheck auf die Deutsche Bank. Und Ferdinand Pichelsteiner kündigte Mäxchen ein Geschenk an, das ihn immer an den Turnverein Pichelstein 1872 erinnern möge.

»Wir sind eine Turngemeinde seit fast hundert Jahren«, rief er. »Deine lieben Eltern waren bei uns Vorturner. Sie trugen unseren Ruf in die Welt hinaus. Du, verehrtes Ehrenmitglied, hast ihre Talente geerbt und gemehrt. Was könnten wir dir Besseres und Schöneres schenken als – ein Turngerät? Der Schlossermeister Fidelis Pichelsteiner und meine Wenigkeit haben dir aus feinstem Stahl ein Hochreck gebaut, deiner Größe angemessen, mit vierfach verstellbarer Reckstange. Dazu gehört ein weicher Filzteppich, zehn Zentimeter im Quadrat, damit du dir, wenn du die Schwungkippe und die Riesenwelle und den Absprung in der Grätsche übst, nicht die Knöchelchen brichst. Deine Eltern waren Turner, ehe sie Artisten wurden. Du bist ein Artist, nun werde ein Turner, wie es sich für einen Pichelsteiner von echtem Schrot und Korn ziemt!«

Die Feuerwehrkapelle spielte einen Tusch. Die Pichelsteiner brüllten »Bravo«. Und schon kam ein Eselgespann um die Ecke getrabt. In dem Wagen stand ein kleiner Tisch und auf dem Tisch hatte man das winzige Hochreck montiert. Alles staunte. Alle klatschten.

Mäxchen beugte sich weit aus der Brusttasche des Professors und rief: »Liebe Namensvettern, liebe Freunde meiner Eltern! Wir danken euch für den festlichen Empfang und ich danke euch für das wundervolle Geschenk. Ich werde euer Hochreck stets hoch in Ehren halten. Doch zunächst einmal muss ich probieren, ob die Maße stimmen. Artisten sind gründlich.« Und ehe man sich's versah, hing der kleine Mann längelang an der Reckstange.

Der Esel stellte die Löffel hoch. Ihm war ungemütlich zumute, weil er nicht sehen konnte, was hinter ihm vorging. Aber er hielt still wie ein Denkmal, das die Ohren spitzt.

Mäxchen hing also eine Weile regungslos am Reck. Dann hob er langsam die Beine bis zur Waagrechten, brachte die Füße aus der Vorhebhalte, bei durchgedrückten Knien, bis an die Reckstange, schob die Beine senkrecht höher, schwang nach vorn weit aus, schwang zurück, machte die Schwungstemme und eine Bauchwelle vorwärts und pausierte kurz, auf die Stange gestützt, um mit den Fingern nachzugreifen. »Das ist lustig«, sagte er zum Jokus, der erschrocken neben dem Karren niedergekniet war.

»Du bist ja total übergeschnappt«, meinte der Jokus. »Mach, dass du herunterkommst!«

»Nur noch ein paar Sekunden. Es gefällt mir so. Streck, bitte, die Hand aus.« Und ehe ihn der Jokus vom Reck pflücken konnte, schwang Mäxchen erneut durch die Luft. Hoch, höher, am höchsten. Die Arme und Beine gestreckt. Und plötzlich wurde eine Riesenwelle daraus, dann die zweite und dritte. Wie ein Sekundenzeiger rotierte er ums Reck. Dann hielt er im Handstand auf der vibrierenden Stange inne, rief »Juhu!« und sprang, mit gegrätschten Beinen, übers Reck und mitten in die ausgestreckte Hand, die ihm der Jokus entgegenhielt. Er brachte sogar die abschließende Kniebeuge fehlerlos zustande.

»Der Junge zehrt an meinen Nerven«, erklärte Rosa Marzipan aufgeregt. Doch das hörte niemand, weil sämtliche Pichelsteiner klatschten. Ferdinand Pichelsteiner drängte sich nach vorn und fragte: »Wo hat er das gelernt?«

»Nirgendwo«, antwortete der Jokus, der den kleinen Mann in die Brusttasche stopfte.

»Seine Eltern konnten's natürlich«, sagte Ferdinand Pichelsteiner. »Aber seit wann ist die Riesenwelle erblich?«

Mäxchen kicherte. »Ich habe beim Fernsehen zugeschaut. Bei den Weltmeisterschaften. Die russischen und die japanischen Geräteturner sind fabelhaft.«

»Die Grätsche am Hochreck lernt man nicht durchs Fernsehen«, stellte Turnvater Ferdinand fest.

»Ich schon«, behauptete Mäxchen. »Ich bin Artist.«

»Das weiß ich«, sagte Ferdinand Pichelsteiner. »Das weiß ich ja, mein Junge. Du bist sogar ein weltberühmter Artist. Aber das Turnen musst du gelernt haben. Eine andere Erklärung gibt's nicht. Du hast die Riesenwelle gewissermaßen im Blut.«

Lob des Tennisspiels

Am Rande einer sonntäglichen Allee stauen sich die Spaziergänger und blicken, als stünden sie im Zoo, fasziniert durch die Maschen eines drei Meter hohen Drahtnetzes. Sie sehen roten Kies, weiße Kreidelinien, zwei pfleglich gekleidete, Pritschen schwingende Männer, einen Ball, den sie aus Leibeskräften malträtieren, und einen Jungen, der den Ball gelegentlich aufklaubt und einem der Männer zuwirft. Dann nimmt die seltsame Prozedur des Hin und Her ihren Fortgang. Die Sonne brennt. Es ist sehr still. Man hört nur die Pritschenschläge und mitunter kurze Zwischenrufe, die nach Algebra klingen. »Dreißig zu fünfzehn!« »Vierzig zu fünfzehn!« Die Männer laufen voneinander weg und aufeinander zu, als gelte es das Leben, schwingen ihre Saiteninstrumente, jagen den Ball aus einer Ecke in die andere, schütteln sich, unvermittelt, in der Platzmitte, an einem Netz aus Hanf, die Hand, strahlen, wenn auch erschöpft, übers ganze Gesicht und verlassen einträchtig das Drahtgehege, um sich, notgedrungen, dem Ernste des Daseins zu widmen.

Über den Spieltrieb des Menschen ist schon sehr viel geschrieben worden, und zwar von den jeweils klügsten Leuten. Immer wieder zerbricht man sich über diese unsere ebenso rätselhafte wie beglückende Neigung den Kopf. Wir stellen Regeln auf und tun, als ob sie bestünden. Um alles in der Welt, gibt es denn nicht schon genug

Gesetze? Müssen wir noch neue dazuhexen? Wir müssen's wohl. Wir müssen uns ihnen freiwillig und spielend beugen, und so, als sei's im Ernst. Valéry hat gesagt, noch die Falschspieler unterwürfen sich den Regeln. Sonst könnten sie ja mit offenen Karten falschspielen, doch gerade das täten sie nicht. Die eigentlichen und einzigen Feinde und Verächter des Spiels seien die Spielverderber. Sie erkennten die Regeln nicht an und verneinten damit die Realität des Spiels überhaupt. Das Spiel ist ein Geschöpf des Menschen, und es lebt zur Freude seines Schöpfers in jenem märchenhaften Lande, wo »ernst« und »heiter« kein Gegensatz, sondern eines sind. Und das er nur spielend betreten kann.

Doch nun zurück von Schiller, Valéry und Huizinga zum Tennisplatz! Worin liegt der besondere Zauber des weißen Sportes? Tennis ist ein Duell auf Distanz, noch dazu das einzige Beispiel dieser Spezies. Insofern gleicht es, auf anderer Ebene, der Forderung auf Pistolen. Der wesentliche Unterschied besteht darin, dass man sich nicht abmüht, dahin zu schießen, wo der Gegner steht, sondern möglichst dorthin, wo er nicht steht. Außerdem, doch das zählt nur als Folge, ist Tennis ein höchst bewegliches Duell. Da der beste Schuss jener ist, der am weitesten danebentrifft, und da der Gegner mit der gleichen Kugel und derselben Absicht zurückschießt, lautet der wichtigste Tennislehrsatz: Laufenkönnen ist die Hauptsache. Wer die unermüdliche Fähigkeit besitzt, rechtzeitig und in der richtigen Stellung »am Ball« zu sein, wird auch den schlagstärksten Gegner besiegen. Wer je erlebt hat, wie ein Überathlet im Court von einem wieselgleichen Läufer herumgehetzt wurde und schließlich zusammenbrach, weiß das zur Genüge.

Die Skiläufer kämpfen gegen die Uhr. Die Schwimmer kämpfen nebeneinander. Die Stabhochspringer kämpfen nacheinander. Beim Fußball kämpft man in Rudeln. Die Boxer kämpfen Fuß bei Fuß. Nur die Tennisspieler duellieren sich auf Distanz. Und als Einzige ohne zeitliche Regelgrenze! Theoretisch könnte ein Kampf zwölf Stunden und noch länger dauern, doch der Tennisspieler ist auch nur ein Mensch. Immerhin, vierstündige Duelle hat es schon gegeben. Und bis zur letzten Minute bleibt es ungewiss, wer Sieger sein wird.

Die entscheidenden Eigenschaften für ein solches Duell sind Kraft, Diplomatie, Konzentration, Schnelligkeit, Ökonomie, Präzision, Ahnungsvermögen, Witz, Ruhe, Selbstbeherrschung und Verstand. Man braucht sie alle, und sie entwickeln sich »spielend«. Und wer die eine oder andere Fähigkeit nicht besitzt, muss trachten, sie durch die zuletzt genannte, den Verstand, zu ersetzen. Da Prenn, einer der größten deutschen Spieler, schlecht zu Fuß war, hatte er sich »verdeckte« Schläge angeeignet, die unberechenbar waren. Er holte zu einem Drive aus, der Gegner stürzte zur Grundlinie zurück, aber Prenns Ball fiel, müde wie eine ausgekeimte Kartoffel, gleich hinterm Netz und unerreichbar zu Boden.

Tennis ist nicht nur ein Sport, sondern auch eine Kunst. Und wie es Dichter gibt, die ihre besten Einfälle geistig hochprozentigen Getränken verdanken, soll es, wenn auch seltener, Tenniskünstler geben, deren Divination alkoholischen Ursprungs ist. Nachdem im Endspiel eines internationalen Turniers wieder einmal die bekannten Matadoren X und Y aufeinandergetroffen waren und X wieder einmal gewonnen hatte, sagte Y: »Zugegeben, dass du gewonnen hast – aber musstest du dich gestern Nacht so betrinken, dass du im ersten Satz kaum gerade stehen konntest?« – »Ich musste«, antwortete X. »Wenn ich weniger trinke, sehe ich den Ball doppelt, und dann treffe ich, das ist eine klare Rechnung, den richtigen nur in fünfzig von hundert Fällen. Trinke ich aber gründlich, so sehe ich drei Bälle.« – »Und?« –

»Dann schlage ich den in der Mitte!«

Anhang

Anmerkungen

Die bibliographischen Angaben nach den einzelnen Texten geben die Quelle an, der der Text entnommen wurde. Zusätzlich werden Ort und Zeit des Erstdrucks genannt Für weiter gehende Angaben siehe Johan Zonneveld, *Bibliographie Erich Kästner,* Bd. I–III, Aisthesis Verlag, Bielefeld 2011, 2443 S.

Ohne Verfassernennung aufgeführte Werke sind von Erich Kästner. Auslassungen innerhalb der ausgewählten Textpassagen sind mit Klammern […] gekennzeichnet.

Kästners Werke für Erwachsene sind in Einzelausgaben lieferbar im Atrium Verlag, die Bücher für Kinder im Dressler Verlag. Die neunbändige Werkausgabe – Erich Kästner, *Werke.* Herausgegeben von Franz Josef Görtz, Bd. I–IX – erschien 1998 im Hanser Verlag, München/Zürich, die Lizenzausgabe 2004 im Deutschen Taschenbuch Verlag, München. Dient sie als Textvorlage, erscheint in den bibliographischen Angaben die jeweilige Band- und Seitenzahl (I, S. 304 f.). Die folgenden Anmerkungen stützen sich teilweise auf diese Ausgabe.

7 *Die Läufer trainieren täglich zehn Stunden ...*

(Seitenangaben ohne Nennung einer Quelle beziehen sich auf die vorliegende Ausgabe.)

»*Die Läufer trainieren täglich zehn Stunden ...*«: aus *Sport Anno 1960*, S. 106.

Reck: Im Turnverein Neu- und Antonstadt. Das Reck ist auch Thema in *Und jetzt die Bauchwelle!* und *Seit wann ist die Riesenwelle erblich?*

ein leidenschaftlicher und auch recht guter Tennisspieler: »Tennistexte« in dieser Auswahl: *Jackie, der Ex-Artist, Doppelfehler* und *Lob des Tennisspiels.*

Seit Kästner 1930 in Bad Nauheim Tennis spielen gelernt hatte (Kästner an einen Kurdirektor, 6. 5. 1970, in: *Dieses Naja!, wenn man das nicht hätte. Ausgewählte Briefe 1909–1972.* Hg. Sven Hanuschek, Atrium Verlag, Zürich 2003, S. 502; Kästners Zeitangabe »in den ersten zwanziger Jahren« ist unzutreffend), spielte er, sooft es ihm nur irgend möglich war; nach 1933 hatte er als verbotener Autor vermutlich sogar mehr Zeit dafür, als ihm lieb war. Zu den Tennisplätzen zwischen Cicero- und Albrecht-Achilles-Straße waren es von seiner Wohnung in der Roscherstraße nur zehn Minuten zu Fuß. Fotos zeigen ihn bei Trainerstunden auf Hotel-tennisplätzen (Meran 1933, Hotel Axelmannstein in Bad Reichenhall 1937). 1938 nutzte er den Londonbesuch, um im Regent's Park mit Walter Trier Tennis zu spielen (*Ein deutscher Kleinmeister aus Prag*, VI, S. 303). 1945 in Mayrhofen, Tirol, war eine seiner ersten Nachkriegserwerbungen ein Tennisschläger – »gut abgelagert«, wie sich zeigte, schon im ersten Spiel »rissen zwei Saiten« (*Das Blaue Buch. Kriegstagebuch und Roman-Notizen.* Hg. Ulrich von Bülow und Silke Becker. Aus der Gabelsberger'schen Kurzschrift übertragen von Herbert Tauer. Deutsche Schillergesellschaft, Marbach am Neckar 2006. Marbacher Magazin 111/112, S. 161, Einträge vom 29. und 30. 6. 1945). In München kam Kästner erst nach seiner Zeit bei der *Neuen Zeitung* wieder zum Tennisspielen, ab 1953 auf den »Tennisplätzen Herzogpark« in der Flemingstraße 16, ein paar Schritte vor seiner Haustür, zuvor auf den »Iphitos-Plätzen« am Aumeisterweg, wo er auch die großen internationalen Turniere besuchte (vgl. Sven Hanuschek, *Keiner blickt dir hinter das Gesicht. Das Leben Erich Kästners*, Carl Hanser Verlag, München/Wien 1999, S. 376), so wie er früher Zuschauer vieler großer Turniere war, die beim LTTC Rot-Weiß Berlin und beim TC Blau-Weiss Berlin ausgetragen wurden.

zwar nicht wimbledonreif: Kästners eigene Einschätzung: »Nach Wimbledon würde ich ihn nicht schicken. Und auch für die deutsche Daviscup-Mannschaft würde ich ihn nicht nennen. Höchstens als Ersatzmann.« *Kästner über Kästner,* in: *Die kleine Freiheit,* II, S. 324. Erstdruck: *Deutsche Rundschau,* April 1949.

Nurmi, Kolehmainen, Zatopek: s. u. die Anmerkungen zu *Rekord und Leistung.*

Dauertanzen: in *Tausend Worte Tanz, Der Dauertänzer, Heute Abend – Dauertanzen!*

Sechstagerennen: in *Sechstagerennen, Völkerverständigung im Grunewald, 6-Tage-Rennen.*

Ringen: Kästners Neffe Manfred Egger, ein Enkel seines Lieblingsonkels Hugo Augustin, war in jungen Jahren Berufsringer, bevor er, der Familientradition folgend, Fleischer wurde. »Dabei war er gar kein übler Ringer«, befand Kästner, der ihn in den Nachkriegsjahren ein paarmal bei Kämpfen im Münchner Circus-Krone-Bau erlebt hatte (*Als ich ein kleiner Junge war,* VII, S. 28).

»Vielleicht kann man's einmal für eine Geschichte brauchen«: Postkarte an Ida Kästner, 10. 8. 1936, in: *Mein liebes, gutes Muttchen, Du! Dein oller Junge. Briefe und Postkarten aus 30 Jahren. Ausgewählt und eingeleitet von Luiselotte Enderle.*

Albrecht Knaus Verlag, Hamburg 1981, S. 228.

Ahnungslosigkeit, Unvoreingenommenheit: s. S. 103.

9 Sechstagerennen

Der Karneval des Kaufmanns. Gesammelte Texte aus der Leipziger Zeit 1923–1927. Hg. Klaus Schuhmann, Lehmstedt Verlag, Leipzig 2004, S. 59 f. Erstdruck: *Leipziger Tagblatt,* Jg. 118, Nr. 31, 5. 2. 1924; *Neue Leipziger Zeitung,* 5. 2. 1924, u. d. Ps. Eo Pelus.

Dempsey: Jack Dempsey (1895–1983), US-amerikanischer Boxer, 1919–1926 Weltmeister im Schwergewicht.

Firpo: Luis Angel Firpo (1894–1960), argentinischer Schwergewichtsboxer. Am 14. 9. 1923 von Dempsey spektakulär besiegt.

11 Im Turnverein Neu- und Antonstadt

Als ich ein kleiner Junge war. Riesenwellen und Zuckertüten, VII, S. 62–64 (gekürzt). Erstdruck: *Als ich ein kleiner Junge war. Roman.* Atrium Verlag, Zürich 1957.

14 Arno schwimmt Weltrekord

Das Schwein beim Friseur und andere Geschichten, VIII, S. 364. Erstdruck: *Beyers für Alle.* Kinderzeitung, 15. 8. 1929, u. d. T. *Arthur schwimmt Weltrekord.*

15 Kletterpartie im Elbsandsteingebirge
*Als ich ein kleiner Junge war. Der zwie-
fache Herr Lehmann*, VII, S. 128–132 (gekürzt).

**20 Schlittschuh kaufen – Schlittschuh
laufen!**
Kästner im Schnee. Geschichten, Gedichte,
Briefe von Erich Kästner. Hg. Sylvia List.
Atrium Verlag, Zürich 2009, S. 15–19. Erstdruck: *Die Grüne Post*, 15. 1. 1928, u. d. Ps.
Peter Flint. Der Spielplatz in der Königs-
brücker Straße wurde in Kästners Kinderzeit jeden Winter in eine Eisbahn ver-
wandelt (*Als ich ein kleiner Junge war*, VII,
S. 46).

25 Völkerverständigung im Grunewald
Gemischte Gefühle. Literarische Publizis-
tik aus der »Neuen Leipziger Zeitung«
1923–1933, Bd. 1. Atrium Verlag, Zürich
1989, S. 238 f. (Auszug) u. d. T. *Frühling in
Berlin.* Erstdruck: *Neue Leipziger Zeitung*,
20. 3. 1928.

27 6-Tage-Rennen
Die Montagsgedichte. Atrium Verlag, Zürich 2012, S. 169 f. Erstdruck: *Montag Morgen*, 4. 11. 1929.

29 Sensationen nach rückwärts
Rund um die Plakatsäulen, VI, S. 152–154 (gekürzt). Erstdruck: *Neue Leipziger Zeitung*,
28. 10. 1928.
der Eiserne Gustav: Um gegen die Verdrän-
gung der Pferdedroschke zu protestieren,
war der Droschkenkutscher Gustav Herr-
mann (1859–1938) am 2. 4. 1928 von Berlin aufgebrochen, hatte Paris am 4. 6. 1928
erreicht und war am 12. 9. 1928 wieder in
Berlin. Vgl. auch Kästners Gedicht *Die
Gustavs*, in: *Die Montagsgedichte*, S. 19 f.

32 Und jetzt die Bauchwelle!
*Klaus im Schrank oder Das verkehrte Weih-
nachtsfest.* Ein modernes Weihnachtsmär-
chen in sieben Bildern. Theaterstück,
o. D. [1927]. Typoskript, S. 30–33 (gekürzt). Nachlass Elfriede Mechnig, Aka-
demie der Künste, Berlin. Der Wortlaut
der einleitenden Bühnenanweisung Erich
Kästners von der Herausgeberin leicht
verändert.

38 Automobilrennen
Erstdruck: *Der Götz von Berlichingen, eine
lustige Streitschrift gegen alle*, Berliner Ausgabe, 23. 9. 1928.

40 Boxer unter sich. Plauderei
Rund um die Plakatsäulen, VI, S. 167–173.

Erstdruck: *Das Leben,* Februar 1929,
S. 24–28.
Don José: von der Protagonistin verschmähter Liebhaber in Bizets Oper *Carmen.*
Metropolitan: die Metropolitan Opera in New York, die »Met«.
Max Schmeling: 1905–2005, Boxer, 1926 deutscher Meister und 1927 Europameister im Halbschwergewicht, 1928 deutscher Meister im Schwergewicht (musste den Titel im November 1928 kampflos abgeben), 1930/32 Weltmeister aller Klassen. 1939 beendete er seine aktive Laufbahn. Ein – aus Geldmangel – versuchtes Comeback 1947 misslang.
Ludwig Haymann: 1928 deutscher Meister im Schwergewicht. Zu seinem Buch *Deutscher Faustkampf – nicht pricefight. Boxen als Rasseproblem* (Zentralverlag der NSDAP, München 1936) schrieb Max Schmeling das Vorwort.
Bülow: Arthur Bülow, Chefredakteur der Zeitschrift *Boxsport,* Manager von Max Schmeling, den er 1928/29 in den USA zu etablieren versuchte. Das scheiterte an Bülows mangelnden Kontakten. Schmeling wechselte zu Joe Jacobs.
Franz Diener: deutscher Meister im Schwergewicht 1926 und 1927. Gegen Schmeling konnte er im April 1928 den

Titel nicht verteidigen. Führte nach dem Zweiten Weltkrieg ein beliebtes Künstlerlokal in der Grolmannstraße in Berlin.
Sabri Mahir: türkischer Profifußballer, später in Berlin Boxer (erst im Zirkus, dann kurze Zeit als Profi), schließlich erfolgreicher Boxtrainer. In seinem *Studio für Boxen und Leibeszucht* trainierte er u. a. Franz Diener und organisierte die sogenannten »Teestunden am Ring«, zu denen Bertolt Brecht und andere Prominente aus der kulturellen Szene kamen.

48 Tausend Worte Tanz
Gemischte Gefühle, Bd. 1, S. 218–223 (gekürzt). Erstdruck: *Neue Leipziger Zeitung,* 14. 2. 1928.
Hoppla – wir leben!: Anspielung auf Ernst Tollers Theaterstück *Hoppla, wir leben!* (Uraufführung 1927)

53 Der Dauertänzer
Die Montagsgedichte, S. 134 f. Erstdruck: *Montag Morgen,* 8. 7. 1929.

55 Heute Abend – Dauertanzen!
Gemischte Gefühle, Bd. 1, S. 241 (gekürzt). Erstdruck: *Neue Leipziger Zeitung,* 1. 4. 1928.
Chassieren: auch Schassieren (von frz. chasser: jagen), mit kleinen gleitenden Schritten geradeaus tanzen.

61 Rekord wider Willen
Zwischen hier und dort. Reisen mit Erich Kästner. Hg. Sylvia List, Atrium Verlag, Zürich 2012, S. 26 f. Erstdruck: *Beyers für Alle*, 4.8.1927.

63 Buster Keaton im Sportdress
Gemischte Gefühle, Bd. 1, S. 327, u. d. T. *Die große Parade* (Auszug). Erstdruck: *Neue Leipziger Zeitung*, 4.11.1927.
stumme Voraussetzung: Buster Keaton war ein Star der Stummfilmzeit.

64 Olympia
Die Montagsgedichte, S. 41 f. Erstdruck: *Montag Morgen*, Jg. 6, Nr. 33, 13.8.1928.
1928 wurden in Amsterdam die Olympischen Sommerspiele abgehalten. Deutschland, Verlierer des Weltkriegs, durfte erstmals wieder teilnehmen. Zum ersten Mal gab es bei diesen olympischen Spielen auch Frauenwettbewerbe in Leichtathletik. Angesichts dessen, dass Deutschland bei Abschluss der Spiele im Medaillenspiegel nach den USA (22 Goldmedaillen) mit 10 Goldmedaillen an 2. Stelle stand, jammert Kästner auf relativ hohem Niveau.
Körnig: Helmut Körnig, Bronze im 200-m-Lauf, Silber mit der 4 x 100-m-Staffel.

Krause: Helmut Krause, 7. Platz im 1500-m-Lauf.
Teutone Kohn: Otto Kohn, im Vorlauf über 1500 m ausgeschieden. Mit seinem typisch jüdischen Nachnamen hätte Kohn nach 1933 wohl kaum noch als Teutone bezeichnet werden dürfen.
Mayer: Helene Mayer, Florettfechterin, Gold im Frauen-Einzel.
Radtke: Lina Radke, Gold im 800-m-Lauf.
Schrader: Hilde Schrader, Schwimmerin, Gold über 200 m Brust.

66 Radrennen für Fräuleins
Erstdruck: *Der Götz von Berlichingen, eine lustige Streitschrift gegen alle*, Berliner Ausgabe, 30.9.1928. Genderpolitisch ziemlich unkorrekt, aber eben auch ausdrücklich für eine »lustige Streitschrift« verfasst. Und zu bedenken ist auch, dass Frauenwettkämpfe noch in ihren Anfängen steckten (s. o. Anm. zu *Olympia*).

68 Man geht wieder zu Ringkämpfen
Gemischte Gefühle, Bd. 1, S. 304 f., u. d. T. *Berlins neue Gründerzeit. Schauspieler kochen – Renaissance des Ringkampfs* (Auszug). Erstdruck: *Neue Leipziger Zeitung*, 7.5.1932.
Krawatte: Würgegriff, gehört neben der unvollständigen Krawatte, dem Stranguliergriff und dem Armzurückdrehen zu

den Griffen bzw. Tricks, die bei den meisten Ringkämpfen verboten sind.

69 Arbeiter, treibt Sport!

Rund um die Plakatsäulen, VI, S. 289 f., u. d. T. *Kuhle Wampe*. Erstdruck: *Neue Leipziger Zeitung*, 4. 6. 1932.

Kuhle Wampe: Der Film (Regie: Slatan Dudow, Drehbuch: Bertolt Brecht, Ernst Ottwalt, Slatan Dudow, Musik: Hanns Eisler) wurde am 31. 3. 1932 schon vor seiner Uraufführung verboten. Die Oberprüfstelle Berlin befand, der Film sei geeignet, »an den Grundfesten des Staates zu rütteln«. Nach öffentlichen Protesten und einigen eher unbedeutenden Schnitten wurde der Film freigegeben und am 30. 5. 1932 uraufgeführt. Angesichts der durch und durch politischen Argumentation der Zensurbehörde ist davon auszugehen, dass Kästner sich in diesem Artikel naiver gibt, als er war.

Yorck-Film: der im Dezember 1931 uraufgeführte Film *Yorck* (Regie: Gustav Ucicky) über den preußischen General Yorck von Wartenburg, der 1812 als Führer eines Hilfscorps mit Napoleon nach Moskau ziehen soll, aber ohne ausdrückliche Weisung Friedrich Wilhelms II. einen Waffenstillstand mit Russland schließt (Konvention von Tauroggen) und so die Befreiung Preußens von der französischen Vorherrschaft einleitet.

Vorwärts, und nicht vergessen: von Hanns Eisler für *Kuhle Wampe* vertontes Gedicht von Brecht. Am bekanntesten ist der Refrain, dem das Lied auch seinen Namen »Solidaritätslied« verdankt: »Vorwärts und nicht vergessen, / worin unsere Stärke besteht! / Beim Hungern und beim Essen, / vorwärts und nie vergessen: / die Solidarität!« Berühmte frühe Aufnahme (1932) mit Ernst Busch.

Parteikunstwerk: ein Begriff, mit dem Kästner auf die kommunistische Tendenz des Films hinweist.

71 Berliner Sportpalast 1933

Über das Verbrennen von Büchern. Atrium Verlag, Zürich 2012, S. 23 f., u. d. T. *Über das Verbrennen von Büchern* (Auszug). Erstdruck: *Süddeutsche Zeitung*, 10. /11. 5. 1958.

die beiden Lieder: Nach Hitlers Machtübernahme wurde das *Horst-Wessel-Lied* zur zweiten Nationalhymne des Deutschen Reichs; es wurde regelmäßig nach dem *Deutschlandlied* gesungen.

72 England gegen Kanada. Winterolympiade 1936

Kästner im Schnee, S. 120–125, u. d. T. *Zwei Schüler sind verschwunden* (Auszug). Erstdruck: *Das Schwein beim Friseur und andere Geschichten*. Atrium Verlag, Zürich 1961. Die Olympischen Winterspiele 1936 wurden in Garmisch-Partenkirchen abgehalten. In seinem Winterurlaub 1935 hatte Kästner dort viele Wettkämpfe der Deutschen Wintersportmeisterschaften besucht, aus sportlichem Interesse, aber auch, um Studien für künftige Texte zu treiben.

Matthias (Matz), Uli: Die beiden Helden aus *Das fliegende Klassenzimmer* sind für ein paar Tage aus dem Kirchberger Internat ausgerissen, weil Matz einfach zur Olympiade »musste« (»… eine solche Gelegenheit kommt niemals wieder«, heißt es in dem Entschuldigungsbrief an Dr. Bökh).

77 Der Preisboxer

Das verhexte Telefon, VIII, S. 30–32. Erstdruck: *Das verhexte Telefon*. Williams & Co, Berlin 1930.

80 »The three Byrons«

Emil und die drei Zwillinge. Ein Wiedersehen an der Ostsee und *Varieté in Korlsbüttel*, VII, S. 366 f., 381 f. (gekürzt). Erstdruck: *Emil und die drei Zwillinge. Die zweite Geschichte von Emil und den Detektiven. Roman für Kinder*. Atrium Verlag, Basel/Wien/Mährisch-Ostrau 1935.

84 Jackie, der Ex-Artist

Emil und die drei Zwillinge. Ein ernstes Gespräch und *Schluss der Vorstellung*, VII, S. 436, 443–449 (gekürzt).

der Film »Emil und die Detektive«: Der Film, 1931 uraufgeführt, lief in Deutschland noch bis 1937, obwohl Kästner einer der von den Nationalsozialisten verbotenen Autoren war.

»Lache, Bajazzo …«: aus der berühmten Arie des Canio am Ende des 1. Akts der Oper *Der Bajazzo* von Ruggero Leoncavallo.

94 Münchhausen reitet

Des Freiherrn Münchhausen wunderbare Reisen und Abenteuer zu Wasser und zu Lande, IX, S. 61 f., u. d. T. *Der Ritt auf der Kanonenkugel und andere Abenteuer* (Auszug). Erstdruck: *Des Freiherrn Münchhausen wunderbare Reisen und Abenteuer zu Wasser und zu Lande*, nacherzählt von Erich Kästner. Atrium Verlag, Zürich/Ueberreuter-Verlag, Wien/Heidelberg 1951.

96 Doppelfehler

Der kleine Grenzverkehr. Die neue Wendung, IV, S. 396 (gekürzt). Erstdruck: *Georg und die Zwischenfälle. Roman*. Atrium Verlag, Basel/Mährisch-Ostrau 1938.

98 Wunder der Natur?

Die kleine Freiheit, II, S. 191, u. d. T. *Nachträgliche Vorbemerkungen* (Auszug). Erstdruck: *Die kleine Freiheit. Chansons und Prosa 1949–1952*. Atrium Verlag, Zürich/ Atrium Verlag, Berlin 1952.

99 Catch as catch can

Der tägliche Kram, II, S. 157–159. Erstdruck: *Die Neue Zeitung*, 8.2.1948.
Lessings Traktat über die Laokoongruppe: Im ersten Teil seines *Laokoon* (1766) schildert Gotthold Ephraim Lessing die schmerzverzerrten Züge der Laokoon-Skulptur.

103 Rekord und Leistung

Erstdruck: Deutsche Olympische Gesellschaft (Hg.), *Die Olympischen Spiele 1952 Oslo und Helsinki*. Das offizielle Standardwerk des Nationalen Olympischen Komitees. Olympischer Sport-Verlag 1952, Frankfurt/Main 1952, S. 394.
Nurmi: Paavo Nurmi, 1897–1973, finnischer Langstreckenläufer, errang bei den Olympiaden 1920, 1924 und 1928 insgesamt 9 Gold- und 3 Silbermedaillen über 1500 m, 3000 m, 5000 m und 10.000 m sowie im Geländelauf (Einzel und Mannschaft).
Harbig: Rudolf (Rudi) Harbig, 1913–1944 (vermisst), erzielte seine Bestleistungen vor allem im Mittelstreckenlauf. Allein zwischen 1939 und 1941 lief er sechsmal Weltrekord (400 m, 500 m, zweimal 800 m, 1000 m und 4-mal-800-m-Staffel). Sein zweiter Weltrekord über 800 m wurde erst 1955 von Roger Moens verbessert.
Kolehmainen: Juho Pietan »Hannes« Kolehmainen, 1889–1966, finnischer Langstreckenläufer, errang bei den Olympischen Spielen 1912 in Stockholm drei Gold- und eine Silbermedaille über 5000 m, 10.000 m und im Einzel- und Mannschaftsgeländelauf. Bei der Olympiade 1920 in Antwerpen holte er Gold im Marathon.
Owens: Jesse Owens, 1913–1980, schwarzer US-Amerikaner, holte bei den Olympischen Sommerspielen 1936 in Berlin viermal Gold – im 100-m- und 200-m-Lauf, über 4 mal 100 m und im Weitsprung. In der Staffel lief er Weltrekord, im Weitsprung und über 200 m stellte er neue olympische Rekorde auf.
Zatopek: Emil Zatopek, 1922–2000, tschechischer Langstreckenläufer. Bei der Olympiade in London 1948 gewann er Gold über 10.000 m, Silber über 5000 m, bei den Olympischen Spielen in Helsinki 1952 dreimal Gold (über 5000 m, 10.000 m und im Marathon). Zwischen

1948 und 1952 gewann er mehrmals Gold bei Europameisterschaften.

106 Sport Anno 1960

Kurz und bündig, I, S. 288. Erstdruck: *Dr. Erich Kästners Lyrische Hausapotheke.* Atrium Verlag, Basel/Wien/Mährisch-Ostrau 1936, S. 41 u. d. T. *Sport.*

107 Seit wann ist die Riesenwelle erblich?

Der kleine Mann und die kleine Miss. Das sechste Kapitel, VIII, S. 597–599 (Auszug). Erstdruck: *Der kleine Mann und die kleine Miss.* Roman für Kinder, Atrium Verlag, Zürich 1967.

110 Lob des Tennisspiels

Die kleine Freiheit, II, S. 320–322. Erstdruck: *Die Weltwoche,* Zürich, 6. 6. 1952.

Schiller, Valéry und Huizinga: Anspielung auf Schillers Spieltheorie in den *Briefen über die ästhetische Erziehung* (1795), eine Äußerung von Paul Valéry (1871–1945) und auf Johan Huizingas Buch *Homo ludens* (1938).

Prenn: Daniel Prenn, Wilna (damals Russland) 1904–1991, Dorking (Surrey). Vor der Hitlerzeit einer der erfolgreichsten deutschen Tennisspieler, von 1928 bis 1932 Deutscher Meister im Herren-Einzel. Im April 1933 als Jude mit Auftrittsverbot belegt, entschloss er sich zu emigrieren. Kästner hat ihn vermutlich u. a. 1930 bei den Clubturnieren in Berlin-Grunewald gesehen, wo Prenn dem LTTC Rot-Weiß Berlin zu einem 8:1-Sieg über den TC Blau-Weiss Berlin verhalf. Prenn beendete seine Tenniskarriere 1939 und wurde ein erfolgreicher Geschäftsmann.

Divination: Vorahnung. Hier: erraten, wohin der Ball fliegt.

Dank in Kürze

Johan Zonneveld verdanke ich auch diesmal die Vorlagen für die hier erstmals wieder nachgedruckten Texte. Und Walter Schmideler danke ich herzlich dafür, dass er mir seine Materialien zum Thema »Kästner und der Sport« zur Verfügung gestellt hat.

Erich Kästner, 1899 in Dresden geboren, begründete gleich mit seinen ersten beiden Büchern seinen Weltruhm: *Herz auf Taille* (1928) und *Emil und die Detektive* (1929). Nach der Machtübernahme der Nationalsozialisten wurden seine Bücher verbrannt, er erhielt Publikationsverbot, sein Werk erschien nunmehr in der Schweiz beim Atrium Verlag. Erich Kästner erhielt zahlreiche literarische Auszeichnungen, u. a. den Georg-Büchner-Preis. Er starb 1974 in München.

Sylvia List arbeitete als Verlagslektorin, Redakteurin und Übersetzerin. Seit einigen Jahren ist sie Herausgeberin von Anthologien mit bekannten und unbekannten Texten Erich Kästners, u. a. *Meine Mutter zu Wasser und zu Lande, Morgen, Kinder, wird's nichts geben!, Zwischen hier und dort, Meine Katzen, Goethe und die Schrebergärtner, Interview mit dem Weihnachtsmann* und *Sonderbares vom Kurfürstendamm.*